好玩的历史

丞相大人的试卷

主编 ○ 谭海芳

编著 ○ 韩伟滨　吴旦旦

中国少年儿童新闻出版总社
中国少年儿童出版社
北　京

图书在版编目（CIP）数据

丞相大人的试卷 / 谭海芳主编；韩伟滨，吴旦旦编著 . -- 北京：中国少年儿童出版社，2022.5（2023.4重印）
（好玩的历史：全彩升级版）
ISBN 978-7-5148-7268-2

Ⅰ.①丞… Ⅱ.①谭… ②韩… ③吴… Ⅲ.①政治家 – 列传 – 中国 – 古代 – 青少年读物 Ⅳ.① K827=2

中国版本图书馆 CIP 数据核字（2022）第 018912 号

CHENGXIANG DAREN DE SHIJUAN
（好玩的历史：全彩升级版）

出版发行：	中国少年儿童新闻出版总社 中国少年儿童出版社		
出版人：	孙柱		
执行出版人：	马兴民		
丛书策划：史钰		插　　图：杜晓西	
责任编辑：史钰　徐伟		责任校对：田荷彩	
装帧设计：徐经纬　许媛		责任印务：厉静	
社　　址：北京市朝阳区建国门外大街丙12号		邮政编码：100022	
编辑部：010-57526270		总编室：010-57526070	
发行部：010-57526568		官方网址：www.ccppg.cn	
印　　刷：北京印刷集团有限责任公司			
开　本：787 mm×1092mm　1/16		印张：12.5	
版　次：2022年5月第1版		印次：2023年4月北京第2次印刷	
字　数：160千字		印数：8001-13000册	
ISBN 978-7-5148-7268-2		定价：48.00元	

图书出版质量投诉电话010-57526069，电子邮箱：cbzlts@ccppg.com.cn

我可是丞相！

有谁听说过世界上有丞相班吗？

这真是一件稀奇事儿。

好想知道这个班上的"学生"考试成绩如何啊！

还真有一个神奇的老师，他出了一道试题，

然后让丞相学生们来作答……

阿明老师

跟所有的老师一样，他对付学生的法宝就是两个字："考试"。碰到这么一个老师，他的学生们可真是倒霉透了。但是，大家又不得不承认，他是一位很神奇的人物……

林子奇

小学四年级学生，功课极佳，爱好读书——当然，只限那些好玩又有趣的书籍。曾幻想自己生在古代，那样可以当一个威风八面的大将军，或者足智多谋的丞相，抑或满腹经纶的大才子。还有，真想知道当"皇帝"是啥滋味……

何圆圆

林子奇的表姐，作文写得一级棒。进入初中后，她迷上了历史这门课程，总喜欢出题考林子奇，让他很不爽。最希望回到千年前的历史现场，体验精彩刺激的历史冒险。阿明老师满足了她的愿望。

引 子

一天，阿明老师听说古代的臣子们正在举办一个盛大的生日 Party。他感到很好奇，就穿越到了晚会现场。

这些臣子们一看是来自 21 世纪的阿明老师，都围了上来。阿明老师一打听才知道，这个生日 Party 的寿星是德高望重的周公。

晚会上，大家对周公的成绩夸赞不已，同时对自己的经历进行了反思。

只听诸葛亮不无遗憾地说："如果刘备能多活十年，也许我的《隆中对》就能成为现实了。"

裴度说："我要是能遇上一位刘备那样贤明的上司，也就不会早早退隐了。"

这时，李鸿章不服气地说："你们起码还留下个好名声呢。我辛辛苦苦操劳了一辈子，最后倒成了'大卖国贼'。你们说我冤不冤啊！"

听到这里，阿明老师的脑子里突然蹦出个很好的创意。他拍拍手，示意大家安静下来，说："你们帮助皇帝处理国家大事，有成绩，也有失误；有成功，也有遗憾。我准备把大家分成十个年级（西周、春秋战国、秦、汉、三国两晋、唐、宋、元、明、清），进行一次考试。你们可以把自己一生的得与失写下来，这样，现代的学生也会对你们多一些了解。如何？"

大家都是有文化的人，考试对他们来说简直就是小菜一碟。于是，阿明老师的提议获得全票通过。

目 录

1. 吕　尚　　1
2. 周　公　　6
3. 管　仲　　11
4. 晏　婴　　16
5. 范　蠡　　21
6. 商　鞅　　26
7. 苏　秦　　31
8. 蔺相如　　36
9. 李　斯　　41  
10. 张　良　　46
11. 萧　何　　51
12. 曹　参　　56
13. 陈　平　　61
14. 霍　光　　66
15. 曹　操　　71
16. 诸葛亮　　76
17. 谢　安　　81
18. 房玄龄　　86
19. 杜如晦　　91

20	魏　徵	96
21	狄仁杰	101
22	姚　崇	106
23	宋　璟	111
24	裴　度	116
25	赵　普	121
26	寇　准	126
27	王安石	131
28	司马光	136

29	文天祥	141
30	耶律楚材	146
31	刘　基	151
32	张居正	156
33	徐光启	161
34	范文程	166
35	刘　墉	171
36	曾国藩	176
37	李鸿章	181
38	张之洞	186

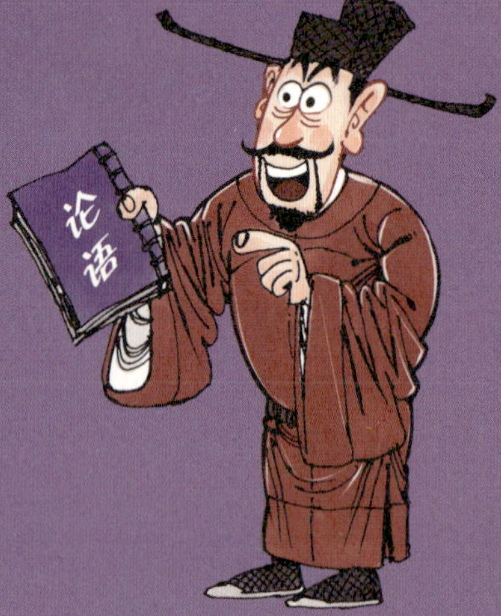
论语

1 吕 尚

姓名	吕尚	性别	男	年级	西周	学号	0101

生卒年 约前1128年—前1015年　　原籍 东海（今山东省日照市）

典故 姜太公钓鱼——愿者上钩　　名言 君子乐，得其志；小人乐，得其事。

名臣自述

　　我属于那种大器晚成的人。除了吕尚，我还有很多名字，比如姜尚、太公望、姜子牙、姜太公，等等。我的老祖宗很厉害，听说跟着大禹一起治过水，因为有功得到了一块封地"吕"，所以我们这个家族就姓"吕"了。

　　不幸的是，在我出生的时候，我的家族已经败落了。长大后，为了填饱肚子，我只好到处打工。我打过鱼，种过地，还在商朝的都城朝歌（今河南省淇县）开过屠宰铺，摆过小吃摊，开过酒店。也许我天生就不是做生意的料，干啥赔啥。老婆见我是个十足的窝囊废，居然嫌弃我，和我离婚了。

好玩的历史

好在我这个人还有点志气，不管生活多么艰难也没放弃过读书。六十多岁的时候，我在政府的一个机构里谋到了一份差事。但商纣王和他手底下的那些官员太腐败了，我不愿意和他们同流合污，就炒了他们的"鱿鱼"。

我听说周国的文王是个很有抱负的人，正在招聘人才，就来到周国。经过走访调查，我发现周文王确实是个值得信赖的上司。但我不想主动去应聘，还准备再考验考验他，看他是真的尊重人才，还是沽名钓誉。

我来到渭水岸边，在周文王经常路过的地方开始钓鱼。别人钓鱼，都是用弯钩，而我的鱼钩是直的，并且离水面三尺多高。别人见我这么钓鱼，都说我是弱智。其实，他们怎么会了解我的心思呢？我钓的不是水里的鱼，而是周文王。

功夫不负有心人。终于有一天，周文王外出打猎，经过这里。他见我用直钩钓鱼，感到很奇怪，就停下来和我聊天。我一看机会来了，就以钓鱼打比方，深入浅出地谈了自己对治国用人的看法。周文王听了，非常高兴，说我就是他一直在找的圣人。他也不去打猎了，把我请上他的专车，带回了国都。那年我七十二岁。

我被周文王封为国师，帮他完成兴周灭商的大业。经过多年的发展，周国的力量变得强大起来。

周文王死后，他的儿子姬发继位，就是后来的周武王。周武王比他的父亲更尊重我，管我叫"师尚父"，也就是老师加干爹的意思，喊得我想不出力都不行。

等一切准备就绪，周武王和我率领大军向商朝发动大规模进攻，把商朝消灭了。

丞相大人的试卷

💡 智慧分 100

该生擅长领兵打仗和治理国家,却不善于治家、理财。但他清楚自己的优势与劣势,善于扬长避短,而且能抓住时机,这就是最大的智慧与成功。

修养分 100

该生为了找到最能发挥自己才能的岗位,历尽苦难,但矢志不渝,一旦选准上司,就尽心竭力地工作,表现出很高的忠诚度。

能力分 100

该生可以说是一个军事天才,他依靠自己的特长消灭了商朝,建立了周朝。他写的《六韬》据说是中国第一部兵书,后世的孙武、黄石公、诸葛亮都深受其军事思想影响。

综合得分 (100＋100＋100)÷3＝*100*

上司闲话

我是周文王。商纣王对老百姓太残酷,我决心除掉这个暴君,把百姓解救出来。于是我大规模招揽人才,吸引了很多能人到我这里发

展，但我总是觉得还缺少一位顶尖的人才。当我见到吕尚后，发现他就是我要找的顶尖人才，所以非常谦恭有礼地把他请来了。事实证明，我没有看错人。我这一辈子，做了许多大事，但最让我感到骄傲的就是挖掘了吕尚。他确实与众不同，有真才实学，是周朝的第一大功臣。

> 吕尚的一生，历经坎坷和磨难。但他始终没有放弃，终于等来了施展才能的机会，并取得了优异的成绩。如果没有这种持之以恒的决心和不达目的誓不罢休的韧劲，他能取得成功吗？不管是学习还是生活，我们需要的正是这种精神。
>
> ——何圆圆

趣闻大播报

传说，周文王在渭水河边访到吕尚后，邀请吕尚和他一起回去。吕尚问："大王，你准备怎么请我回去呢？"

周文王派人拉过一匹马，吕尚摇摇头，不坐。周文王连忙又派人抬过一顶轿，吕尚摇摇头，还是不坐。这下周文王为难了。

吕尚说："我想坐大王的辇（niǎn）回去。"周文王答应了，请吕尚上了车。

吕尚坐好以后，又对周文王说："我坐这辇，还要大王亲自拉车。"

周文王二话不说，拉起车就走。那时候文王的岁数已经很大了，没有多少气力，但他还是咬着牙坚持。后来，实在坚持不住了，他只好停了下来。

吕尚问:"大王,您拉着我走了多少步?"

周文王说:"我没数。"

吕尚说:"我替您数了,大王拉着我走了八百步。我会保大王的子孙坐八百年的天下。"

果然,周朝总共存在了近八百年。

2 周公

姓名 周公　　**性别** 男　　**年级** 西周　　**学号** 0102

生卒年 不详　　　　　　　**原籍** 岐山（今陕西省岐山县）

名言 一沐三握发，一饭三吐哺。

名臣自述

我姓姬，名旦，是周文王的儿子，周武王的弟弟。因为我的封地在周（今陕西省岐山附近）这个地方，所以后人管我叫周公，或者周公旦。

爸爸周文王还活着的时候，我和武王姬发就是他的左膀右臂。爸爸去世后，姬发继承了王位。那个时候，商朝的纣王在位，他整天吃喝玩乐，不理朝政，对百姓十分暴虐，弄得民不聊生。

我们决心推翻商朝的统治，率军杀向商朝的都城。纣王兵败自杀，商朝灭亡了。

武王建立了周朝，但怎么管理商朝的百姓呢？有人说全部杀光，也有人说杀掉有罪的，放了没罪的。武王对这些建议都不满意，就问我该怎么办。我说："纣王是罪魁祸首，他既然已经死了，就饶了他的子民吧。"武王很赞成我的主张。

第二年，武王因为太劳累，病倒了。我心里很着急，现在国家刚刚建立，人心不稳，万一武王死了，还不知道会发生什么动乱呢？

我向上天和祖先虔诚祷告："现在是非常时期，天下都离不开武王，如果你们一定要让一个人死去的话，请让我代替他吧。"可没过多久，武王还是死了。

武王死后，成王继位。他只有十来岁，还不能担当起治理一个国家的重任。作为他的叔叔，我有责任帮助他治理好国家。所以，我不顾别人的猜疑，毅然主持朝政，辅佐成王。

有些人心怀不满，到处散布谣言，说我准备夺取成王的王位。他们还趁机互相勾结，准备发动叛乱。在这种危急的情况下，我及时做好解释工作，消除了大臣们的疑虑，维护了内部团结。

然后，经过三年的艰苦作战，我平定了管叔、蔡叔、霍叔和武庚的叛乱，稳定了周朝的统治。

我总共代替成王治理了六年国家。这段时期，我为成王独立治理国家打下一个好的基础，勤勤恳恳地做了许多事情，比如营建东都洛邑（今河南省洛阳市）、分封诸侯王、建立礼乐制度和刑罚制度等。

等到成王长大了，我毫不犹豫地把国家大权交还给了他。

好玩的历史

智慧分 99

该生在平定管叔、蔡叔、霍叔和武庚叛乱的时候，采取了搞好内部团结、瓦解对方联盟等措施，表现出一代谋略家的风范。他还利用商朝人迷信的心理，用占卜算命的办法，引诱那些贵族迁到新都洛邑，加强了对商朝人的控制。

修养分 100

该生是个多才多艺的人，他为武王起草的战场动员令《牧誓》是一篇很好的演讲稿。他为人谦虚，尊重人才，留下了"一沐三握发，一饭三吐哺"（详见"趣闻大播报"）的佳话。他还注重精神文明建设，制作典章礼乐，在潜移默化中对百姓进行思想教化。

能力分 98

该生帮助武王推翻了商纣王的残暴统治，建立了周朝。他辅助幼小的成王建立新都、平定叛乱、维护了国家统一，还建立了分封制、嫡长子继承制等一系列制度，巩固了周朝的统治。正是在他的努力下，才出现了"成康之治"，使周朝达到了空前强盛。

综合得分 $(99+100+98)\div 3 = 99$

我是周成王，周公的侄子，也是他的主子。刚继位的时候，我的年龄还很小，周公全权处理各种政事。有些人说他要废掉我，自立为王。我很担心，对他产生了怀疑。可是在一个偶然的机会，我知道了他在我生病和父王临死时对神灵祈祷的话，才知道他竟然愿意替我和父王去死。他有这个心思，怎么会谋夺我的王位呢？我非常感动，觉得他是完全值得信赖的好叔叔。从那以后，我对他所做的一切事情都大力支持，完全放心。后来，他果然把管理国家政事的权力还给了我，自己退到大臣的位置，见了我恭恭敬敬。有这样的叔叔辅佐自己，真是我的福气啊！

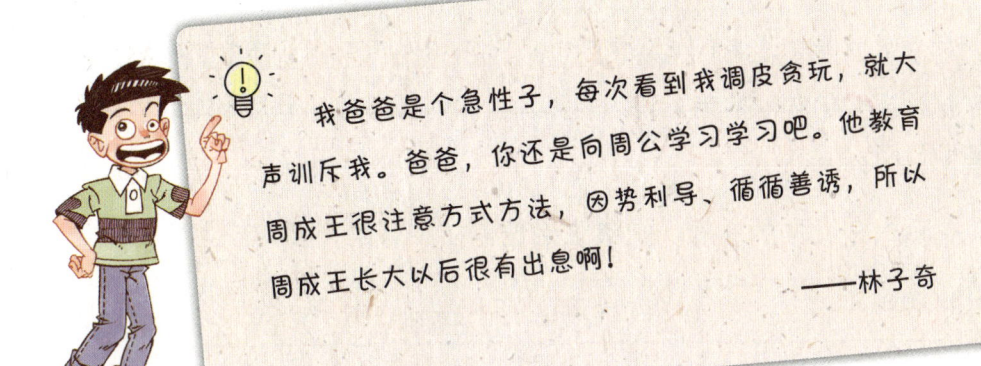

我爸爸是个急性子，每次看到我调皮贪玩，就大声训斥我。爸爸，你还是向周公学习学习吧。他教育周成王很注意方式方法，因势利导、循循善诱，所以周成王长大以后很有出息啊！

——林子奇

周朝建立后，周公的封地是鲁国（今山东省曲阜市）。因为他要辅佐成王，不能去鲁国上任，就让大儿子伯禽代替自己治理鲁国。

伯禽临走的时候，周公叮嘱道："我是文王的儿子，武王的弟弟，成王的叔叔，地位很高。但是，为了接待来见我的贤士我

有时洗一次澡要三次握着湿头发出来,吃一顿饭要三次吐掉嘴中的食物。即使是这样,我仍然害怕错失天下的贤人。你到鲁国去,千万不能因为自己是国君而对人傲慢无礼。"

伯禽牢记父亲的教导,把鲁国治理得井井有条,使其成为享有盛誉的"礼仪之邦"。

3 管 仲

姓名 管仲	**性别** 男	**年级** 春秋战国	**学号** 0201
生卒年 前723年或前716年—前645年		**原籍** 颍上（今属安徽省颍上县）	
名言 仓廪实而知礼节，衣食足而知荣辱。			

名臣自述

我很小的时候，父亲就去世了。我和母亲相依为命，早早地挑起了生活的重担。为了维持生计，我到处打工，从事过许多职业，但没有一次取得成功。我在外闯荡的这段日子，最大的收获就是结交了一个好朋友——鲍叔牙。

后来，有人把我和鲍叔牙推荐给齐僖（xī）公。他让我们俩当家庭教师，分别辅导他的两个儿子，我辅导公子纠，鲍叔牙辅导公子小白。僖公死后，齐襄公继位。他不理朝政、滥杀无辜，我和鲍叔牙只好带着学生出国避难。

好玩的历史

不久，齐国爆发内乱，襄公被杀。逃亡在外的公子纠和小白，都争着往回赶，因为谁先回去谁就可以当国君。

为了阻止小白，我在半路设下埋伏，射了他一箭。看到他中箭倒下，我放心地追赶公子纠去了。可是，当我和公子纠不紧不慢地赶到齐国时，才知道小白已经回来六天了。原来，那天我一箭射中的是他的衣钩，他假装被射死，把我骗了。我走了以后，他在鲍叔牙的帮助下，昼夜兼程赶回齐国，当上了国君，就是齐桓公。

在接下来的斗争中，公子纠死了，我成了俘虏。齐桓公宽宏大量，没有因为我射了他一箭就报复我，而是听从了鲍叔牙的建议，让我当齐国的国相。

桓公很信任我，为了让我放手大干，不光答应了我提出的一切条件，而且尊称我为"仲父"，也就是干爹的意思。我非常感动，发誓要尽全力辅佐他，让他成为最有威望的霸主。

我的想法虽然好，真正做起来却不那么容易。当时的齐国只是春秋时期众多国家中的一个，比它强大的还有很多。我经过深思熟虑，向桓公提出了一系列富国强兵的改革措施。我的改革取得了成功，齐国变得日益强大起来，桓公成为春秋时期的第一个霸主。

为了巩固桓公的霸主地位，我又提出"尊王攘（rǎng）夷"的口号。尊王就是尊崇周王，给足他面子；攘夷就是抵抗少数民族入侵，替小国打抱不平。这一招非常见效，桓公的霸主地位越来越牢固。

前651年，桓公与各诸侯国在葵丘（今河南省兰考县）会盟，周襄王也派大臣参加大会，并送上了一份重礼。这次会盟标志着桓公的霸业达到了巅峰。

💡 智慧分 99

该生是个文武全才，在政治、经济、军事、外交等领域都为齐桓公出谋划策，并成绩斐然，帮助齐桓公成为春秋时期的第一位霸主。

❀ 修养分 87.5

该生胸怀大志，能屈能伸，历尽坎坷终于找到了属于自己的舞台。他关心百姓疾苦，推荐有才能的人治理国家，让百姓过上了好日子。但是，他在生活上追求享受，喜欢讲排场；和铁哥们儿合伙做生意都要多拿多占，显得不够厚道。

⚙ 能力分 100

该生帮助齐国成为春秋第一个超级大国，为齐鲁文化的形成与传播，做出了很大的贡献。

综合得分 $(99+87.5+100)\div 3 = \mathbf{95.5}$

好玩的历史

朋友闲话

我是鲍叔牙，管仲的铁哥们儿。我承认，管仲这个人也有缺点，但这并不影响我们的关系。朋友之间最重要的是相互理解、相互包容。管仲家里很穷，我出钱和他一起做生意。赚了钱以后，管仲每次拿的比我都多。我的仆人说他的闲话，我说："管仲家里穷，又要奉养母亲，多拿一点没有关系。"还有，管仲和我一起去打仗，每次都躲在最后面，有人骂他贪生怕死。我替他解释说："你们误会管仲了。他不是怕死，是要留下性命去照顾老母亲！"管仲听到了这些话，对我非常感激，他说："生我的是父母，了解我的人是鲍叔牙呀！"

> 我的学习成绩不太好，但我没有自暴自弃。我要像管仲一样，培养坚韧不拔、百折不挠的性格。我相信，只要努力，一定会找到适合自己的位置。
> ——林子奇

趣闻大播报

齐桓公出兵攻打入侵燕国的山戎，山戎败退到孤竹国境内。齐军行军千里，连续追击，最后灭了孤竹，得胜而归。

齐军是春天去的，返回的时候已经是冬天，沿途的景物发生了很大变化。大军在崇山峻岭里转来转去，最后迷了路。

管仲对齐桓公说："大王，我觉得老马有认路的本领，可以让它们在前面领路，带着大军出山谷。"齐桓公点头同意，说

回家的路，再远我也认得！

可以试试看。

　　管仲马上挑出几匹老马，解开缰绳，让它们在大军的最前面自由行走。

　　说来也怪，这些老马都毫不犹豫地朝一个方向行进。大军就紧跟着它们左转右转，最后竟然走出山谷，找到了返回齐国的大路。

4 晏婴

姓名 晏婴	**性别** 男	**年级** 春秋战国	**学号** 0202
生卒年 前578年—前500年		**原籍** 齐国夷维（今山东省高密市）	
名言 人无远虑，必有近忧。			

名臣自述

　　真应了那句话："人没有十全十美的。"我的家庭出身很好，爸爸是齐国的大官，我自己也很聪明机智、能言善辩、才华横溢。但我却长相平平，个头矮小。

　　开始我还挺自卑，后来爸爸开导我，说一个人的外表不是最重要的，关键是要内秀。听了这话，我对自己恢复了自信，经常给自己打气："晏婴，你行，你不是一般人！"

　　齐灵公、齐庄公时，我提任卿相，展示出了自己的才能。

　　齐景公继位后，他最初并不看好我，只让我当了东阿宰（官名，相当于县长）。

三年后，景公嫌我不称职，要撤了我。我说："您再给我一次机会，让我再干三年。我一定让您听到赞美我的话。"景公勉强答应了。

又过了三年，景公的耳朵里灌满了别人对我的夸奖，很高兴，要封赏我。我说："前三年，我把百姓的事放在第一位，得罪了许多有权势的人，他们就在您面前说我的坏话。后三年，我不把百姓的事放在心上，只想着讨好那些有权势的人，他们就在您面前说我的好话。其实，您要撤我的时候，实际上该奖我；您要奖我的时候，实际上该撤我。"

景公觉得我说得很有道理，就提拔我当了国相。他是一个有理想的国君，虽然也贪图享乐，但我的很多意见他还是接受的。

皇上的狗将永远活在我们的肚中。

好玩的历史

有一次，一条宠物狗死了，他想给狗大办丧事。我马上进谏说："路上有好多百姓吃不饱，穿不暖，忍饥挨饿的不在少数，您却为一条狗大办丧事，百姓知道了，一定会怨恨您的。"他马上醒悟过来，让人把狗送到厨房。那天，我们吃了一顿狗肉大餐，味道好极了。

那个时候的齐国，早就从超级大国沦为了一个二流国家。要想在列国中保持自己的尊严和地位，就必须做好外交工作。我多次靠着自己的幽默和机敏挫败别国的刁难，维护了齐国的尊严。

一个国家要想强大，光靠耍嘴皮子不行，还要靠枪杆子。于是，我向景公推荐了田穰苴（ráng jū）担任齐军统帅。我和田穰苴一文一武，重振了齐国的国威军威，开创了一个齐桓公之后的"中兴"时代。

智慧分 88

> 该生在强国面前，头脑灵活、能言善辩，既有灵活性，又有原则性，捍卫了祖国的尊严，太不容易了。

修养分 85

> 该生对内坚持"仁政爱民"，对外主张和平共处，在百姓中和其他国家中都享有很高的声望。他一生清正廉洁、生活俭朴，从不接受礼物，还经常拿自己的工资帮助穷人，是个清官。

能力分 88

该生一共辅佐了三位国君，没有一个是优秀的，有的甚至还十分昏庸无能。但他非常敬业，把全部心血都倾注在国家上，强大了齐国。

综合得分 （88 + 85 + 88）÷ 3 = 87

对手闲话

我是楚王。说实话，我打心底里瞧不起齐国。就凭它现在的实力，还想和我们平等相处，哪有那么便宜的事？所以每次晏婴出使我国，我都绞尽脑汁地想羞辱羞辱他，可是没有一次能讨到便宜，真是打不到狐狸反惹得一身臊！齐国也就是靠晏婴在那里硬撑着，不然早就被灭了。晏婴这个人，虽然个头不高，其貌不扬，脑子里的东西可真不少，是个让人又爱又恨的对手。

> 我很早就从"晏子使楚"这个故事中认识了晏婴，他的口才令我非常佩服。每当我发现身边一些同学的缺点，就想给他指出来，可又怕说不好得罪人。我要是有晏婴那样的语言艺术，该多好啊。
> ——何圆圆

好玩的历史

趣问大播报

齐景公最心爱的一匹马死了,他十分生气,下令把马夫肢解处死。

晏婴给齐景公施了一礼,问道:"大王,肢解人得有个步骤。请问古代的圣贤尧舜肢解人,先从哪个地方下刀啊?"

齐景公一听,心想:尧舜是圣贤,怎么会肢解人呢?自己这么做,跟圣贤相比,差得太远了。他心里惭愧,但又余怒未消,下令说:"免去肢解,将他关进牢狱,处以死刑。"

晏婴又向齐景公施了一礼,说:"大王,这人简直罪大恶极,只可惜他还不知道自己犯了什么大罪,恐怕会死不瞑目。还是让我替大王把他的罪状说明白,也让他死得甘心。您同意吗?"齐景公点头答应了。

于是,晏婴当着诸位大臣的面,开始训斥马夫:"你知不知道,你犯了三条大罪。第一条,大王让你养马,马得病死了,就等于你杀了马,应当判处你死刑。第二条,死的马是大王最心爱的马,应当判处你死刑。第三条,大王因为一匹马就杀人,百姓听说了这件事以后,一定会埋怨大王爱马胜过爱人;诸侯们如果听说了这件事,一定会轻视我们的国家。因为你把大王的马养死了,竟然惹得百姓生怨、国力削弱,更应当判处你死刑。现在你明白了吧?"

然后,晏婴转身对齐景公说:"大王,他已经知道自己为什么被处以死刑了。请执行死刑吧!"

齐景公惊出一身冷汗,惭愧地对晏婴说:"把他放了吧!无论如何,也不能因为这件事损伤我仁德的名声啊!"

5 范 蠡

姓名	范蠡（lí）	**性别** 男		**年级** 春秋战国		**学号** 0203
生卒年	约前536年—约前448年			**原籍** 楚国宛地（今河南省南阳市）		
名言	飞鸟尽，良弓藏；狡兔死，走狗烹。					

名臣自述

我出身贫贱，但从不以之为耻，闲时读了大量书籍，被人称为博学多才之人。后来，我觉得在楚国没有发展前途（政治黑暗、非贵族不得当官），便邀请好友文种一起去了越国。

刚到那里时，我们并没有受到重用。等到越王勾践兵败会稽山，只剩五千甲兵时，他才想起了我们。

这些我并不在意，要知道在乱世，寻找机会施展自己的抱负是多么的不容易。起初，勾践想用五千甲兵与吴军交战，被我阻拦了下来。因为勾践的这种做法简直是以卵击石，自取灭亡嘛！

我建议他向吴王夫差投降。他冷静下来后，果真照着我的话做了。我又

让文种带巨金去贿赂吴国的大官伯嚭（pǐ）。

还别说，这一招真管用——夫差没有杀掉勾践。但夫差要求勾践来吴国为奴。于是，勾践带着我们几个亲信，忍辱负重来到了吴国。

当奴隶的日子很不好过，勾践常常要去挑粪，给夫差当垫马石。我呢，自然也是做一些苦力活。大家每天都过着提心吊胆的生活，生怕夫差哪天一生气，就将我们杀了。

好在三年后，我们都平安地返回了越国。回国后，勾践发愤图强，决心报仇雪恨。我想了好多办法，帮助他富国强兵。并且，为了麻痹夫差，我们还把美女西施献过去，并让他的宠臣伯嚭吹耳边风，不让他对我们起疑心。

经过二十多年的艰苦奋斗，越国的国力越来越强大，勾践开始伺机复仇。有一次，夫差率精锐去赴会，国内只有老弱留守，我军便乘虚而入，攻打过去。夫差匆匆赶回来与我们议和。

又过了两年，勾践亲自率军攻进了吴国。前473年，吴国被灭，吴王夫差自缢。从此，越王勾践成为春秋一代霸主。

勾践封我为上将军，我拒绝了。我知道勾践的为人，他只能与人同患难，不能与人共享福。于是，我悄悄地带着家人，离开了越国。

临走前，我写了一封信给文种，劝他也离开。但文种舍不得荣华富贵，没有听我的话，最后果真被勾践害死了。

之后，我在西湖边隐居过，又在齐国做过生意。齐国人认为我贤德，就把我推荐给齐王，我难以推辞，又做了齐国的国相。但是后来我发现这不是好事，就把相印归还给齐王，带着家人再次迁徙。

最后，我来到了一个叫陶的地方。我认为这里是天下的中心，很适合做生意，便定居下来。没过几年，我就成为一个富翁，被人称为"陶朱公"。

🔆 智慧分 92

　　该生既能治国用兵，又能齐家保身，集胆识、智慧于一身，是先秦时期罕见的智士。一生叱咤风云而又能消灾避祸、颐养天年，善始善终，诚非易事。

❦ 修养分 91

　　该生品性高洁，吴王夫差曾多次用各种名利诱惑他，也未能使他动心。隐退后经商，他仗义疏财、施善乡邻，又因贤明能干被拜为齐相。但他深知"久受尊名，不是吉兆"的道理，再次急流勇退，归还相印，并散尽万贯家财。

⚙ 能力分 90

　　该生为勾践出谋划策，使之保全性命；回到越国后，又鼓励勾践卧薪尝胆，养精蓄锐，使之灭吴称霸而名垂千古。后世之人对该生很是敬仰，称他为儒商的鼻祖。人们赞誉道："忠以为国，智以保身，商以致富，成名天下。"

综合得分　（92 ＋ 91 ＋ 90）÷ 3 ＝ *91*

好玩的历史

同事闲话

我是文种。我一直都很相信范蠡，当他说楚国难有发展机会时，我便与他一起离开家乡，去寻找明主。

我们看中了越王勾践，决定在他手下做事。

当越王被打败，要去吴国为奴时，我曾想跟随范蠡一同过去。但是范蠡阻拦了我。他说，治理国家，我比他在行；但识人处事，他比我老道。唉，这话真是说到我心坎里去了。确实，我非常擅长治国，越王不在的那几年，我将越国打理得井井有条。

越王回国后，几次想派兵攻打吴国，范蠡屡次阻拦。我也认为时机不够成熟，但只有范蠡敢反对越王。而越王确实对他很信服。

在消灭吴国、举国大庆时，范蠡劝我跟他一起离开。但那次我没有听他的话。唉，要是当初也和他一样一走了之，想必我还能多活几年呢。

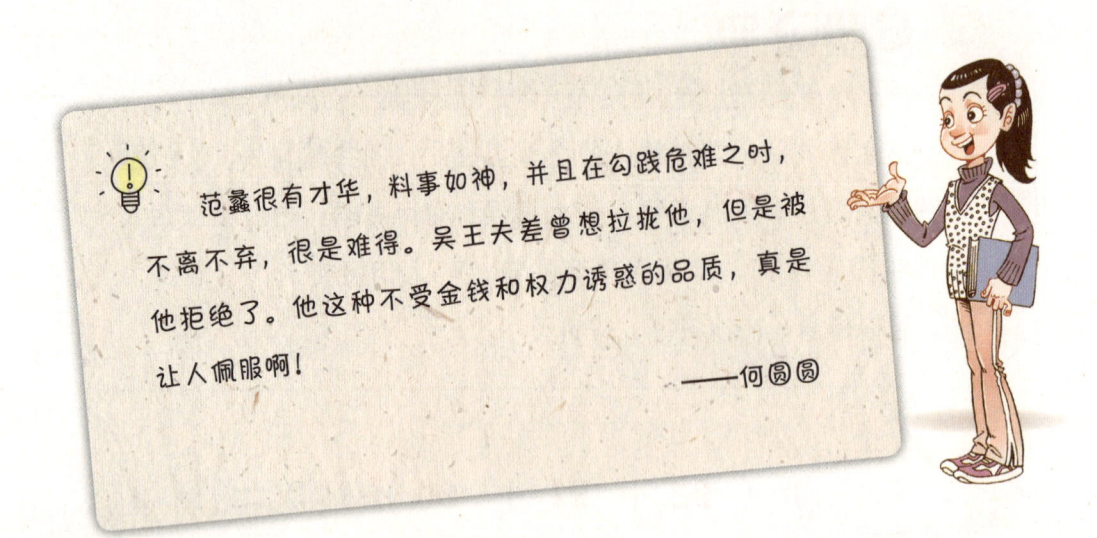

> 范蠡很有才华，料事如神，并且在勾践危难之时，不离不弃，很是难得。吴王夫差曾想拉拢他，但是被他拒绝了。他这种不受金钱和权力诱惑的品质，真是让人佩服啊！
>
> ——何圆圆

范蠡来到陶地定居后，没多久就积累了丰厚的家资。后来，他的二儿子在楚国杀了人，被抓了起来。

楚国有个规定：家里有一千金的人，可免于在闹市中被处死。范蠡本想派小儿子去营救二儿子。大儿子知道后，难过地说："家里有事不让我去，说明我是不肖子孙。"说着就要自杀。范蠡很无奈，只好让大儿子带一千镒（yì，古代重量单位）黄金和一封信去救弟弟。临走前，他反复交代大儿子："你把钱和信都交给我的朋友庄生，一切听从他的吩咐。"

大儿子到了楚国，把钱和信交给了庄生。庄生告诉他什么也不要问，马上回家。但大儿子担心弟弟的生死，又私下找了一些官员，让他们帮忙。

庄生拜见楚王，以天象有变将对楚国有危害为由建议大赦天下。楚王一直很信任庄生，就按照他的话做了。大儿子从官员那里得知楚王要大赦天下，心想，弟弟被放出来，并不是庄生的功劳。于是，他又来到了庄生家，希望把金子要回来。

庄生把金子原数奉还了，但他很生气，便又找到楚王，说："现在外面都在议论，说您是因为陶朱公（范蠡）的儿子才大赦天下的。"楚王听后大怒。他命令先杀掉范蠡的儿子，然后再下达大赦的诏令。

可怜的大儿子只能抱着弟弟的尸首回家了。母亲和乡邻们都十分悲痛，而范蠡却平静地说道："我早就知道这个结果了。小儿子在富贵中长大，不知道赚钱的辛苦，所以他不会在意钱财。大儿子从小和我一起吃苦，知道生活的艰难，所以把钱财看得很重。我原先不让他去，就是担心他不能弃财，以致害了自己的弟弟啊！"

"知子莫如父。"从这件事可以看出，范蠡有着非凡的识人眼力和料事能力。

6 商 鞅

姓名 商鞅（yāng）	**性别** 男		**年级** 春秋战国	**学号** 0204
生卒年 约前395年—前338年		**原籍** 卫国（今河南省安阳市）
成就 商鞅变法	**名言** 下君尽己之能，中君尽人之力，上君尽人之智。

名臣自述

　　我年轻的时候就是一个才能出众的人，最早在魏相公孙痤（cuó）手下做事，深得他的喜爱。他把我推荐给魏惠王，但魏惠王没有重用我。后来，我听说秦孝公正在访求有才能的人，觉得是个机会，就去了秦国。

　　我和秦孝公面谈了三次。前两次会面，他对我说的话都不感兴趣。从孝公的态度上我知道了他的志向所在，所以第三次会面的时候，我和他谈起了富国强兵的霸业之道。孝公听得非常兴奋，和我一连谈了几天也不觉得累。从那以后，我得到了秦孝公的赏识，开始受到重用。

丞相大人的试卷

孝公想通过变法使秦国强大，又怕大臣们反对。我和反对变法的大臣们进行了一场辩论。孝公听了我的辩词，觉得很有道理，坚定了变法的决心。他全权委托我负责变法，我很快就制定好了完备的新法法令。

我担心自己人微言轻，得不到百姓的信任，就没有急着公布法令，而是派人在国都市场的南门立了一根三丈高的木头，宣布谁能把木头扛到北门，就赏给谁十金。百姓们觉得很奇怪，没有人敢去试试。于是我又把赏赐涨到五十金。有个人抱着半信半疑的态度，把木头扛到了北门。我马上给了他五十金。大家都说我说话算数，值得信任。

我抓住这个机会，颁布了新法。新法执行了一年，很多人说新法不好，要求废除。但我觉得新法之所以行不通，是上层人物知法犯法。我决定处理一个倒霉蛋，杀一儆百。这时，恰巧太子触犯了新法。太子是国君的继承人，不能施刑，我就对太子的两个老师进行了严厉的处罚。从此，再也没有人敢违犯新法了。

好玩的历史

孝公为了奖励我变法的功劳，封我为大良造（官名，相当于国相）。不久，我又进行了第二次变法。没过几年，秦国从一个二流国家崛起为一个超级大国。

智慧分 98.5

该生善于揣摩上司心理，成功推销自己，说服秦孝公实行变法。他头脑灵活、擅长辩论，在朝堂上让那些反对变法的大臣们哑口无言。在变法前，他还使用南门立木的方法来取信于民，让变法顺利实施，非常聪明。

修养分 80

该生意志坚定，无论遇到多大的困难始终对变法毫不动摇。他信守承诺、执法严明、刚直不阿，即使太子犯法也要受到惩罚。不过，他制定的有些条款太残酷，不够人道。

能力分 99

该生是中国历史上著名的改革家。他提出的一整套变法措施，使秦国在十年内一跃成为头等强国，为后来秦统一六国打下了基础。同时，他还具有非凡的军事才能，曾率兵打败魏国，彻底解除了魏国对秦国的威胁。

综合得分 $(98.5 + 80 + 99) \div 3 = 92.5$

我是秦孝公，商鞅最大的靠山和保护伞。我继位以后才发现，秦国在诸侯国中的地位是那么渺小，谁都不拿我当回事。我是个有自尊心的人，怎么能容忍他们这么看扁我呢？所以，我重用商鞅开始变法，见效非常快。不过，商鞅在变法过程中得罪的人太多了，如果不是我坚定地支持他，恐怕他早就活不成了。果不其然，等我的儿子继位后，就把他处以五马分尸的酷刑。商鞅死得这么惨，我心里也很难受！

> 我们要想在班里赢得老师和同学的信赖，就应该诚实守信，做一个靠得住的人，像商鞅一样。商鞅之所以变法取得成功，一个很重要的原因就是他说话算数，言而有信。
>
> ——林子奇

商鞅在魏国的国相公孙痤手下做事的时候，公孙痤非常赏识他。

有一次，公孙痤病得很严重。魏惠王去看望他，问："您的病这么严重，如果有什么不测，国家社稷该托付给谁呢？"

公孙痤说："我的家臣公孙鞅（商鞅）虽然年轻，但是个奇才，希望大王把国家大事交给他。"

魏惠王没有搭腔。公孙痤明白他的心思，又说："如果大王不重用他，就把他杀掉，不要让他到别的国家去。"魏惠王点头答应了。

魏惠王走了以后，公孙痤把商鞅叫到跟前，把对魏惠王说的话告诉了商鞅，然后说："你快逃吧，不然大王会杀死你的。"

商鞅笑了笑，说："大王不听你的话重用我，又怎么会听你的话来杀我呢？"

于是，他哪里也没去。结果，直到公孙痤病死，也没有人来杀商鞅。

7 苏 秦

姓名 苏秦	**性别** 男	**年级** 春秋战国	**学号** 0205
生卒年 前337年—前284年		**原籍** 东周洛邑（今河南省洛阳市）	
典故 锥刺股 前倨后恭			

名臣自述

　　大家一定听说过"锥刺股"的故事吧，我就是这个故事的主人公。年轻的时候，我和张仪一起在鬼谷子先生那里学习。毕业以后，我开始周游列国，宣传自己的治国理念，但是，到处碰壁、备受冷落、一事无成。

　　最后穷得连吃饭的钱都没有了，我只好回家，继续刻苦学习。"锥刺股"的故事就是那个时候发生的。我对当时的各国形势进行了调查研究，形成了一个六国结盟共同抗秦的战略思想，也就是"合纵"。我对"合纵"战略很有信心，于是再次离开家乡，外出游说。

我首先来到七国中力量最弱的燕国，向燕文侯详细陈述了燕国和别国结盟的重要性。我的嘴皮子功夫果然厉害，燕文侯被说得心动了，让我带着贵重礼物替他去赵国游说。来到赵国之后，我对赵肃侯说："秦国很强大，早就想入侵中原了。如果单凭一国的实力，谁都对付不了秦国；如果各国都争着讨好秦国，将来肯定会被秦国各个击破。假如各国能够联合起来，拧成一股绳，那么秦国就是再强大，也不敢轻举妄动。这样的话，各国也就都安全了。"

经过一番舌战，赵肃侯被我说服了，不光拜我为国相，还派我去游说其他各国。各国国君听了我的主张，都一致赞同。不久，齐、韩、赵、魏、楚、燕六国结成盟国，约定互帮互助，形成了合纵抗秦的局面。他们都说我在合纵过程中功劳最大，就封我当了合纵联盟的"秘书长"，同时佩带六国的相印。从那以后，秦国有十五年不敢欺负东方六国。那个时期，是我一生当中最辉煌的时候，真是风光无限啊！

　　为了瓦解我的策略，秦惠文王重用我的老同学张仪，运用"连横"战略，想尽办法挑拨六国之间的关系。六国之间本来就有矛盾，是一盘散沙，再加上张仪的高明手段，"合纵"联盟最后土崩瓦解了。

智慧分 85

　　该生提出的"合纵"战略，是当时六国唯一能对付秦国、保全自己的方法。苏秦创立的这一理论，直到现在还是国家与国家之间互相制约的重要手段，具有很强的生命力。

修养分 60

　　该生具有顽强的毅力。他为了实现自己的理想，历尽苦难，从不言败，精神可嘉。但他在道德上有问题，名声不大好。

能力分 80

　　该生的"合纵"战略运用得相当成功，使弱小的六国在与秦国的较量中占据主动，接连取得胜利，迫使秦国老老实实地忍了十五年，不敢出函谷关闹事。这很不容易，因为当时的秦国可是唯一的超级大国啊。

综合得分

$(85 + 60 + 80) \div 3 = 75$

好玩的历史

对手闲话

我是秦王。我们秦国强大之后，把其他国家吓坏了。就在我一步步走向成功的时候，苏秦整出个"合纵"来对付我。六个打一个算什么本事，有本事单挑！可是，生气归生气，我还真不敢轻易招惹他们。多亏我请来了苏秦的"克星"张仪，整出个"连横"，把"合纵"搞垮了。如果不是六国之间有矛盾，心不齐，想破解苏秦的"合纵"还真的不容易。

老师经常引用"悬梁刺股"这个成语，教育我们发奋读书、刻苦学习。苏秦的这种精神值得提倡，但方法不值得效仿。还是应该注重劳逸结合、合理休息。

——林子奇

趣闻大播报

苏秦在外面游历了多年，一无所成。他的衣服穿破了，路费用光了，只好回家。到家以后，亲人对他都十分冷淡，妻子不从织机上下来迎接，嫂子不给他做饭，父母不跟他说话，还背地里嘲笑他。

苏秦遭受冷遇，羞愧难当，从此闭门不出，发奋读书。一年后，他再次出游，游说赵国大获成功，被封为武安君，成为声名显赫的人物。

一次,他出使楚国,路过洛阳。他的父母听说他要回来了,连忙收拾房屋、清扫道路、安排乐队、设置酒宴,到离城三十里的地方迎接。见面以后,妻子不敢正眼看他,只是侧着耳朵听他说话。嫂子伏在地上,向他行了四个跪拜大礼,表示谢罪。

苏秦说:"嫂子,你先前那么傲慢,现在怎么又这么卑贱下作呢?"

他嫂子说:"因为现在你的地位尊贵,又有很多钱啊。"

苏秦长叹一声,说:"唉!一个人穷困的话,连父母都不把他当儿子。然而一旦富贵之后,亲戚朋友都感到畏惧,真是世态炎凉啊!"

8 蔺相如

| 姓名 | 蔺（lìn）相如 | 性别 | 男 | 年级 | 春秋战国 | 学号 | 0206 |

生卒年 前329年—前259年　　原籍 山西古县（一说柳林县）

典故 完璧归赵　　名言 以先国家之急而后私仇也。

名臣自述

我原本是个默默无闻的人，在赵国宦官头目缪（miào）贤的家里当一个门客，混口饭吃而已。虽然自信还有点能力，但知道机会也很重要，而机会总是留给那些有准备的人。

终于有一天，我的机会来了。秦王盯上了赵国的一件宝贝和氏璧，说想用十五座城交换。赵王不是傻子，一听就知道这是个圈套，和氏璧送过去，城池肯定要不回来。可是如果不答应秦国的条件，自己就理亏，对赵国没什么好处。赵王想找一个人去跟秦国交涉这件事，可谁去最合适呢？他想得脑仁疼也没想出来。这时，我的主人缪贤推荐了我。赵王答应了。

　　我带着和氏璧到了秦国。通过仔细观察，我发现秦王根本就不打算割让城池，只是想骗取和氏璧。于是，我抱着和氏璧，大声对秦王说："如果大王耍赖，我就把和氏璧摔碎。"其实，这么贵重的宝玉，我怎么舍得摔呢？跟他玩点心理战术罢了。

　　当天夜里，我就派人连夜把和氏璧送回了赵国。就这样，秦国没有给赵国城池，赵国也没有把和氏璧给秦国。这件事过后，赵王很欣赏我，觉得我是个人才，提拔我当了上大夫。

　　不久以后，秦王和赵王在渑（miǎn）池会面。酒席上，秦王让赵王弹瑟以助酒兴，想趁机羞辱赵王。赵王没办法，只好弹瑟。

　　我在旁边一看，心想：就算你秦国强大，也不能这么羞辱人吧。你对我不仁，我也对你不义。于是我拿着一个瓦缶（fǒu），跪在秦王面前，请秦王敲击瓦缶。秦王不肯，我就威胁说："如果大王不肯敲缶，在五步之内，我就把自己颈项里的血溅到大王身上。"秦王只好敲了一下瓦缶。就这样，直到酒宴结束，秦王始终也没有占到赵国的便宜。

　　从渑池回来，赵王又提拔我当了上卿（高级长官），官位比德高望重的大将军廉颇还要高。

　　这下子，廉颇闹情绪了，非要和我比个高低。我以大局为重，处处让着廉颇。后来廉颇被感动了，脱去上衣，露出臂膀，背着荆条，到我的家里来请罪。我们两个成了生死与共的铁哥们儿。

您老这个造型太酷啦！

💡 智慧分 86

> 该生的非凡智慧，在"完璧归赵"中得到了完美展现。他一眼能看穿秦王的欺骗伎俩，准确把握秦王的心理，在"索璧""归璧"的过程中变被动为主动，让要无赖的秦王干瞪眼，捍卫了赵国的利益。

🌿 修养分 88

> 该生面对下属廉颇的挑衅行为，表现出来的宽广胸怀不是什么人都能做到的。他这么做，不是为了个人，而是为了国家利益不受损失，更加难能可贵。

能力分 66

该生足智多谋、不畏强暴、顾全大局、宽厚待人。但遗憾的是，他在成为上卿后，表现一般，历史上没有多少相关的记载，流传后世的事迹也不多。

综合得分 （86＋88＋66）÷3＝80

我是廉颇。在我面前，蔺相如是个晚生后辈，不论年龄还是资历，和我都不在一个等级上。他火箭式的提拔速度使我很没面子，我就失去了理智，非要和他较量较量。可人家根本不和我一般见识，为了团结一再忍让。现在想想，如果蔺相如和我一样斤斤计较，两个人闹起矛盾来，秦国万一乘虚而入，我不成千古罪人了吗？还是蔺相如有眼光，有见识，我从心里服他。

当廉颇和蔺相如产生矛盾的时候，蔺相如一再忍让，成功地处理了自己与廉颇的关系。因为他知道朋友之间彼此理解、彼此宽容是多么重要。我们在交朋友的时候，应该多交蔺相如这样的朋友。

——何圆圆

好玩的历史

趣闻大播报

蔺相如最早在赵国宦官头目缪贤的家里当门客。一次，缪贤犯了罪，打算偷偷逃到燕国去避祸。

蔺相如问："您怎么知道逃到燕国后，燕王一定会收留您呢？"

缪贤说："我曾经跟着大王和燕王在国境上相会，燕王对我很友好，曾经私下握着我的手，说很愿意跟我交个朋友。所以我觉得他肯定会收留我。"

蔺相如摇了摇头，对缪贤说："当时赵国强大，燕国弱小，而您又得到赵王的宠信，所以燕王才想跟您结交，不过是想借此套近乎罢了。如果现在您从赵国逃亡，投奔燕王，燕国害怕赵国，一定不敢收留您，还会把您捆起来交还给赵国。如果那样的话，您必死无疑。您不如脱下衣服，露出臂膀，去向大王请罪，说不定可以侥幸得到宽恕。"

缪贤一听，觉得蔺相如的话很有道理，就照着蔺相如的话去做了。赵王果然赦免了缪贤。

9 李 斯

姓名 李斯　　**性别** 男　　**年级** 秦　　**学号** 0301
生卒年 约前284年—前208年　　**原籍** 楚国上蔡（今河南省上蔡县）
名言 泰山不让土壤，故能成其大；河海不择细流，故能就其深。

名臣自述

我家祖祖辈辈都是贫苦百姓。虽然我从小才华出众，但根本没有人瞧得起我。我在上蔡郡的衙门里当一个管理文书的小吏，勉强维持家里的生活。

有一次，我看见厕所里的老鼠偷吃粪便，听到动静就吓得四处逃窜；又看见粮仓里的老鼠悠闲地吃着粮食，一个个长得体肥毛亮，见了人一点也不害怕。我不禁感慨万分：同样是老鼠，差距怎么就这么大呢？我下定决心，要像粮仓里的大老鼠一样，通过改变环境来改变命运，做一个享尽荣华富贵的人。

我毅然辞职，来到齐国，跟随荀子学习。学成以后，我来到最有利于施

好玩的历史

展才华的秦国。丞相吕不韦很器重我，把我推荐给秦王嬴政，我因此获得了亲近秦王的机会。我建议秦王发兵消灭六国，统一天下。秦王觉得和自己的想法一样，非常高兴。

我又劝说秦王，派人到其他六国，收买那些国家的重臣，让他们充当秦国的间谍；如果收买不了，就派刺客暗杀掉。秦王照我的方法去做，取得了很好的效果。他更加赏识我，封我为客卿（不是本国人，而在本国当高级官员的人），地位仅次于丞相。

就在我的事业蒸蒸日上的时候，发生了一件大事，差点断送了我的政治生命。原来，韩国不甘心被秦国消灭，派水利专家郑国充当间谍，名义上为秦国修建水渠，实际上想借此削弱秦国实力，减轻秦国对韩国的军事压力。郑国的计谋最终被识破，秦王对所有的客卿都产生了怀疑，下了一道"逐客令"，我也在被驱逐之列。

眼看自己的大好前途就要被断送了，我实在不甘心，就给秦王写了封《谏逐客书》。秦王读了以后，顿时醒悟过来，立刻取消了逐客令。我重新被秦王重用。

从那以后，我利用十年的时间，帮助秦王统一天下，建立了秦朝。我也被封为丞相，达到了一生事业的顶峰。

智慧分 95

该生头脑灵活、思路清晰，具有政治眼光和远见卓识。在纷争不断的战国末年，他通过自己的韬略，最终辅助秦始皇完成了统一六国的大业。

修养分 65

该生举止优雅、气质不凡，浑身都是艺术细胞。他是一个文学家，其作品《谏逐客书》是先秦散文的代表作品之一；他还是我国第一位有名有姓的书法家，他写的小篆成为这种字体的范本。但是，他把自己一生最大的追求放在功名利禄上，为了荣华富贵不惜和恶势力同流合污，又具有丑陋和自私的一面。

能力分 74

该生帮助秦王嬴政消灭六国，完成了中国的第一次大统一，建立了中国第一个封建王朝，在中国历史上具有不可替代的作用。但他推行文化恐怖政策，焚烧古籍、坑杀儒生，也给中华文化造成了难以弥补的损失。

综合得分 $(95 + 65 + 74) \div 3 = 78$

对手闲话

我是赵高，和李斯都是始皇帝的宠臣。我是始皇帝的小儿子胡亥的老师，当然希望胡亥当皇帝。没想到，始皇帝临死的时候，竟然留下遗诏，让大儿子扶苏继位。扶苏很讨厌我，他当了皇帝我不就完蛋了吗？于是，我软硬兼施、连唬带吓，逼迫李斯改遗诏。没想到，这小子居然同意了。其实，凭他

好玩的历史

的官职和威望，如果他想反对，治我的罪，我死定了。真是太侥幸啦！篡改遗诏可是灭族的大罪，为了不让这个消息外传，我毫不客气地把他置于死地。我不是过河拆桥，谁让他知道我的秘密呢？凡是对我不利的人，都要死，谁都不例外，包括胡亥在内。

> 我的同桌迷上了网络，成绩一落千丈。他虽然也意识到了自己的问题，但对自己戒掉网瘾没有信心。他真应该向李斯学习，要自信，要勇于改变自己，千万不能自暴自弃。
>
> ——林子奇

趣闻大播报

李斯年轻的时候，经常带着孩子们到上蔡的东门外去逮兔子。虽然日子过得很穷，但一家人在一起，很舒心。

李斯是个不安于现状的人，他后来投奔秦国，当了大官。他的大儿子李由也当了大官，其他的儿子娶的都是当朝的公主，女儿们嫁的都是皇族的公子。

有一次，李由回家探亲，在家里摆了几桌酒席。很多文武大臣听说以后，还以为是李斯过生日，都忙着赶来祝寿。李斯感慨地说："我的老师荀子说过，富贵权势不应该享受得太过分。现在我富贵到了极点，真不知道将来的结局是福还是祸啊！"

果然，后来李斯受到赵高的嫉妒，被诬陷谋反，判处极刑。在临死的时候，他望着站在身旁的二儿子，说："我真想跟以前一样，和你牵着黄狗，到上蔡东门外去逮兔子。可是，再也不会有这样的日子了。"

说完，父子二人互相看着，放声痛哭。

10 张 良

姓名 张良	**性别** 男　　**年级** （西）汉　　**学号** 0401
生卒年 ？—前189年	**原籍** 汉初城父（今河南省宝丰市）
典故 桥三敬履　运筹于帷幄之中，决胜于千里之外。	

名臣自述

　　我出身于贵族世家，祖父、父亲曾是韩国五世的宰相。但到我这一代时，韩国被秦国所灭，我不仅成了"丧国之犬"，也失去了显赫荣耀的地位。

　　为报国恨家仇，我变卖所有家产，准备刺杀秦始皇。在秦始皇巡游的时候，我和结交的大力士埋伏在他必经之地，待他经过时，用铁锤将他的车辇砸得粉碎。但秦始皇命大，躲过了这一劫。

　　全国都在搜捕刺客，我隐姓埋名，逃到下邳（邳，音pī，今江苏省睢宁县西北）躲藏了起来。

丞相大人的试卷

在下邳的时候,我大力结交江湖豪士,行侠仗义,还救过杀人在逃的通缉犯项伯——项羽的叔叔。

十年之后,大泽乡的陈胜、吴广起义,我也趁机号召民众在下邳反秦。刘邦经过此地,我觉得他是做大事的人,就投靠了他。作为谋臣,我对治国之策当然不陌生,经常给刘邦出点子。刘邦非常乐意接受我的意见,并且付诸实施,卓有成效。慢慢地,我成了刘邦的心腹谋士。

后来,我遇到了项梁。这个时候项梁刚刚立了楚怀王,于是我游说他恢复了韩国,重立了韩王。我自任韩国的司徒(相当于丞相)这一官职,暂时离开了刘邦,和韩王一起带了一些人马攻城略地。

因为没有遇到秦军的主力,我屡战屡胜,在韩国的故土上夺回了十几个城。刘邦与我会合,并迅速攻占了宛城、武关。而项羽率领楚军主力,和秦军主力在巨鹿决战。

楚怀王早就有令:先打入秦朝首都者,可以为王。

为此,我建议刘邦用重金贿赂驻守峣下的秦将,抢先一步进入了咸阳。皇帝子婴投降,秦朝灭亡。面对豪华的宫殿、美貌的宫女以及大量的奇珍异宝,刘邦动心了,想留居宫中,安享富贵。武将樊哙冒死强谏,却不被理睬。在这关键时刻,我向刘邦分析利害,劝服了他退出咸阳,驻扎霸上。并且,我对军士约法三章,赢得了民心。

项羽击溃守关的刘邦军,开到鸿门驻扎,四十万大军整装待发,准备消灭刘邦。这时,我救过一命的项伯特来通知我逃跑,而我又借此在鸿门宴上救了刘邦。

因实力明显不如项羽,刘邦交出了咸阳,然后去往项羽给他的封地——巴蜀。我又贿赂项伯,使刘邦最后获得了汉中之地。并且,我还为他出了一

好玩的历史

个绝高的主意：烧掉栈道，让项羽认为刘邦安心在四川当土财主。

等实力壮大后，我又辅佐刘邦开始与项羽争天下。最后，汉军在垓（gāi）下围住楚军，迫使项羽在乌江边上自杀。

刘邦建立了汉朝，统一了全国。在奖赏众人、分封土地时，他要封我为三万户，而我只要了留（在今江苏省沛县）这一小块地方。我深知功成身退的道理，于是以身体不好为由，闭门不出，悠闲地看着朝中人斗来斗去，自己则置身事外、安享余生。

智慧分 94

"运筹于帷幄之中，决胜于千里之外。"这是刘邦对该生的评价。他是汉初三杰之一，却比另外两杰高明得多。韩信为吕后所杀，死于非命；萧何为相，仍难免牢狱之灾。唯独张良在建功立业之后，隐退江湖，善始善终。

他被后人称为"谋圣"，墓前石碑上刻的"英雄神仙"，也是实至名归。

修养分 90

该生是韩国贵族之后，很注重修养。早年他躲开项羽，投奔刘邦，也有反对残暴、崇尚信义的味道。他为刘邦出谋划策，从来不动阴狠的毒计，不伤及自己的品德。"张良取履"的故事至今还在民间流传。

能力分 92

司马徽向刘备推荐诸葛亮的时候，曾说："只有兴周八百年的姜子牙，旺汉六百载的张良才可以相比……"实际上，张良也确实是刘邦手下最璀璨的一颗明星。

综合得分 （94 ＋ 90 ＋ 92）÷ 3 ＝ 92

我是吕后，我的丈夫刘邦年纪大时特别喜欢小老婆戚夫人和小儿子如意，想要废掉太子，也就是我的儿子。这怎么能行？要是他的小老婆将来成为太后，那我和我的儿子还有命吗？

上司闲话

朝中的人我比较信服张良，于是我找到他，非让他给我出主意不可。果然，他的计策很有效，我儿子的太子之位保住了。因此我对他十分感激。

晚年张良信奉道教，想要修炼成仙，于是绝食，差点饿死。我急忙强迫他吃东西并加以劝解，他才又开始吃饭了。这也算我还了他的恩情吧！

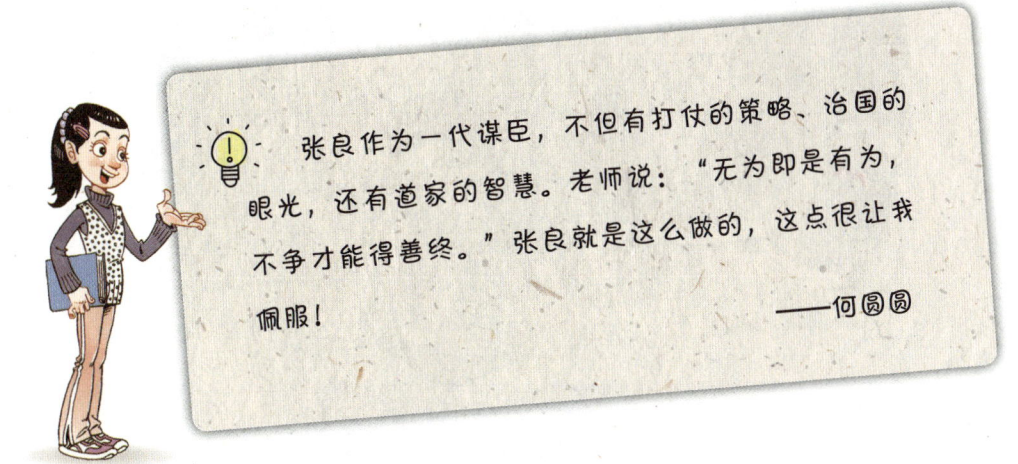

> 张良作为一代谋臣，不但有打仗的策略、治国的眼光，还有道家的智慧。老师说："无为即是有为，不争才能得善终。"张良就是这么做的，这点很让我佩服！
> ——何圆圆

好玩的历史

趣闻大播报

张良为什么能这么厉害呢？传说他年轻时曾经遇到一个老人，那个老人看见他，故意把鞋扔到桥下，喊道："喂，年轻人，帮我把鞋捡上来！"张良很恭敬地跑去把鞋捡了回来。老人又蛮横地说："愣着干啥？给我穿上！"张良又好脾气地给老人穿上鞋。老人哈哈大笑，让张良五天后在这里等他。

五天后，张良按照约定的时间赶到，一看老人已经到了。老人很不高兴，对他说："你怎么能让年长的人等你呢？"于是又约五天之后在这里等他。在折腾张良三次后，老人终于满意了，拿出一本书交给了张良。原来这是一本叫《太公兵法》的书。张良看了这本书，学到了不少东西，因此才得以扬名后世。

还有意外收获啊！

11 萧 何

姓名 萧何　　**性别** 男　　**年级** （西）汉　　**学号** 0402
生卒年 ？—前193年　　**原籍** 沛县丰邑（今江苏省丰县）
典故 成也萧何，败也萧何。

名臣自述

我年轻时在沛县当一名政府公务员，深得上司信任。当时有个无业游民刘邦，整天混吃混喝，但很讲义气，为人慷慨大方。我经常周济他。后来刘邦当了个小亭长，成了我的属下，我更加照顾他。刘邦很感激我，我们成了铁哥们儿。

陈胜、吴广在大泽乡起义后，刘邦也扯旗造反。我帮助刘邦攻占沛县县城，加入了起义军。

刘邦根据我的特长，让我负责日常的军务政务，帮他出谋划策。刘邦的队伍越来越强大，首先攻占了咸阳城。进入咸阳后，许多将领忙着抢夺金银

财宝。我不稀罕这些，而是赶到官府衙门，收集了许多文献档案，细心地收藏起来。我还为刘邦起草了"约法三章"，劝他不要满足于眼前的这点小胜利，要注重收买民心，刘邦照我的话做了，取得了很好的效果。

另一支起义军首领项羽仗着自己人多势众，排挤刘邦，把他封为汉王，封地在偏远的汉中。刘邦很生气，想和项羽拼命。我对他说："小不忍则乱大谋。应该保存实力，等待机会再和项羽争夺天下。"刘邦连连称是，拜我为丞相，率军进入了汉中。

在接下来的楚汉战争中，我留守关中，把关中治理得井井有条。我还为刘邦推荐了名将韩信。韩信率兵征战，屡建奇功，为刘邦立下了汗马功劳。汉朝建立后，刘邦分封功臣，把我定为"大汉第一功臣"。

当皇帝后，刘邦怕有人夺他的皇位，杀了韩信等一大批功臣。韩信死后，他又把猜忌的矛头指向了我。我意识到自己处境危险，于是想出一个自我抹黑的办法，用很低的价钱强行收购了许多百姓的田地和房产，惹得百姓纷纷告我的状。

这一招还真管用。刘邦收到百姓的控告信后，表面上生气，内心里却暗自高兴，渐渐消除了对我的怀疑。

智慧分 97

该生的智商不是很突出，但他识人的本事却是超一流的，就像X光一样精准。能发现自己的不足，并找到比自己更有智慧的人终生追随，这是一种大智慧。他为了消除刘邦对自己的猜忌，故意损毁自己的名誉，也是一般人想不到的聪明之举。

修养分 87

　　该生对上司非常忠诚，工作起来认真负责、兢兢业业。刘邦在前方指挥作战，他在后方把后勤工作做得很好，为刘邦解除了后顾之忧。当然，正因为他对上司的忠诚，也违心地做过一些事情，比如设计斩杀韩信，以至于后来留下了"成也萧何，败也萧何"的典故。

能力分 92

　　该生作为"大汉第一功臣"，绝不是浪得虚名。他尽职尽责，帮助刘邦取得天下，有开国之功；他制定"约法三章"和汉朝的律令，有定策之功；他举荐人才韩信、曹参（cān），有荐贤之功。特别值得一提的是，他保存了大量先秦文化典籍，使中华文化得以延续，对后世做出了非常巨大的贡献。

综合得分 （97 ＋ 87 ＋ 92）÷ 3 ＝ *92*

上司闲话

　　我是刘邦，和萧何的关系非同一般。当年我是个街头混混的时候，没有人瞧得起我，只有他不嫌弃我，经常在生活上帮助我。这才是真正的朋友呢！后来，我能够顺利起兵，打败

好玩的历史

项羽，当上皇帝，他出了多大力我可是清清楚楚。所以，在论功行赏的时候，我自己拍板，把萧何定为首功。有的人不服气，我毫不客气地说："你们见过打猎吗？追杀猎物的是猎狗，而指引行踪、放狗追赶猎物的是猎人。你们就相当于猎狗，而萧何相当于猎人，这下你们明白了吧？"众人听了以后，都很服气。

> 我每次打扫卫生的时候都应付了事，明明看到地上的纸屑，却懒得多扫几下。萧何让我明白了一个道理，那就是无论干什么事，都要认真。应付别人实际就是应付自己。
> ——何圆圆

趣闻大播报

萧何向刘邦推荐了韩信，但刘邦没有重用他。于是，韩信不辞而别，从刘邦的大营逃跑了。萧何听说以后，没来得及告诉刘邦一声，就骑马追赶韩信去了。

天慢慢黑了，还没有看见韩信的影子。幸亏这天有月亮，月光能朦朦胧胧地照见景物。萧何借着月光，不顾道路崎岖不平，一个劲儿地催马往前追。又追出好远，好不容易看到前面月光下有人影晃动。萧何追过去一看，果然是韩信。他好说歹说，并拍着胸脯打包票，才劝得韩信回汉营。

快回来！你上个月的个税还没交呢！

回到汉营，萧何反复向刘邦推荐韩信，说如果要夺取天下，非重用韩信不可。刘邦经过反复思量，最后终于答应拜韩信为大将军。

12 曹 参

| 姓名 曹参 | 性别 男 | 年级 （西）汉 | 学号 0403 |

生卒年 ？—前190年　　原籍 沛县（今江苏省沛县）

典故 萧规曹随

名臣自述

　　我是个大老粗，年轻的时候在沛县当个小官，和萧何、刘邦是铁哥们儿。后来，刘邦在沛县起兵反秦，我和萧何都参加了。萧何帮助刘邦料理日常事务，而我更愿意舞枪弄棒、上阵杀敌。

　　也许我天生是个将才，几乎经历了每一场战斗，成了刘邦最得力、最忠实的助手。楚汉战争开始后，我继续领兵作战，屡建奇功。有人帮我统计了一下，说我总共平了两个诸侯国，占了一百二十二个县，抓了两个诸侯王、三个相国、六个将军，身体受伤七十多处。

　　刘邦当皇帝后，排定功臣位次的时候，大家都说我的功劳最大，应该排在第一位。可是刘邦认为萧何的功劳最大，把他排在第一位，我放在第二位。

开始我对这种排名很不满，后来经过刘邦的反复解释，我才服气了。我开始加强政务管理方面的学习，进步很快。刘邦把他的大儿子刘肥封为齐王，派我当齐国的相国，帮助刘肥。我到任之后，听说胶西有一个叫"盖公"的高人，就派人请来，向他求教安定百姓、管理国政的方法。盖公说，治理百姓应当注重清静，不要去扰乱他们，百姓自然而然就安定下来了。我听了以后，觉得盖公的话很有道理，就把自己的房子腾出来让盖公住，长期供养起来。我按照盖公的话治理齐国，百姓安居乐业，都夸我是"贤相"。

丞相萧何死后，我接替他当了汉朝的丞相。我挑选了许多质朴憨厚而不善于言谈的人，任命为丞相府的办事人员。凡是那些一味追求个人声誉的人，统统辞掉。然后，我就告诉这些办事人员，一切事情都按照萧何已经规定好的章程去办，一点也不能走样。

等各项工作有条不紊地展开以后，我就开始每天喝酒，很少料理政务。即使发现属下有细小的过失，也假装没看见，因此大家都平安无事。后来，人们把我这种治理国家的方法概括为四个字"萧规曹随"。

好玩的历史

🔆 智慧分 86

　　该生天赋不高，悟性平平，勇猛有余而智谋不足。但他能认清当时战乱刚刚平息、百姓渴望安定的实际，明智地选择一条最合适的"萧规曹随"方略。这是具有大智慧的人才能做到的。

❀ 修养分 80

　　该生接替萧何担任丞相以后，并没有想着如何树立个人威望，而是以大局为重，继续执行前任的好政策，难能可贵。他内心精明、外表糊涂、严于律己、宽以待人，善于团结属下，是一位相当有人缘的领导。不过，他对比他功劳大、奖赏多的萧何心怀妒忌，不应该啊。

⚙ 能力分 86

　　该生最大的才能，就是善于借助别人的才能。他借助韩信的才能，成了战功仅次于韩信的人；他借助萧何的才能，成了和萧何齐名的人。另外，他还善于挑选人才、使用人才，调动人才的积极性。正是曹参的"无为而治"，才确保了汉朝沿着正确的轨道继续前进，为"文景之治"的出现打下了基础。

综合得分　（86 + 80 + 86）÷ 3 = **84**

我是曹参的同事,也是曾经和他一起出生入死的战友。他带兵打仗的本事,我很佩服,可是让他当丞相治理国家,我打心眼里不放心。人家萧何比他的本事大多了,还每天忙忙活活呢。他倒好,整天什么事也不干,只知道喝酒。我实在看不下去了,就去劝他。结果,还没等我说话,他就叫人摆上酒宴,请我喝酒。酒席上,我好几次想把话引入正题,都被他岔开了。结果,我被他灌得酩酊(mǐng dǐng)大醉,想劝也劝不成了。经过一段时间,我发现大家都按部就班地工作,过着简简单单的生活,也蛮好的。

> 每次考试成绩一下来,看到别的同学考得比我好,我心里既羡慕又不服气。曹参的故事让我明白,光不服气还不行,更重要的是奋起直追、加倍努力,争取下次超过他们。
> ——林子奇

曹参当了丞相以后,整天喝酒,无所事事。汉惠帝担心他会耽误国家大事,就让曹参的儿子曹窋(zhú)回家劝劝父亲。曹窋回家以后,把惠帝的话学说了一遍。曹参一听,很生气,叫仆人拿板子把曹窋打了一顿。曹窋感到委屈,把这件事向惠帝报告了。

第二天,曹参上朝的时候,惠帝质问他说:"你为什么要

责打曹窋？那些话是我叫他说的。"曹参向惠帝请了罪，接着说："请问陛下，您和高祖相比，哪一个更英明？"

惠帝说："我怎么敢跟先帝相比呢！"

曹参说："我跟萧何相比，哪一个更能干？"

惠帝说："你好像不如萧何。"

曹参说："陛下说得很对。高皇帝和萧何平定了天下，又制定了一套规章。我们只要按照他们的规定执行下去，不就行了吗？"

惠帝点点头，说："你说得很对。"

13 陈 平

| 姓名 | 陈平 | 性别 | 男 | 年级 | （西）汉 | 学号 | 0404 |

生卒年 ？—前178年　　原籍 阳武（今河南省原阳县）

典故 六出奇计

名臣口述

　　我的身世很悲惨，从小就父母双亡，靠哥哥养活。为了改变自己的命运，我刻苦自学，立志长大以后干一番大事业。哥哥家里也不富裕，但为了支持我读书，从来不让我下地干活。

　　长大以后，我学到了一身本事。但因为太穷，婚姻大事一直解决不了。当地有个富户叫张负，他有个孙女嫁了五次，每次婚后不久，丈夫就死了。人们都说她克夫，不敢娶她。我不信这个邪，想娶张负的孙女。张负没有因为我穷而嫌弃我，同意了这门婚事。结婚以后，妻子非常贤惠，家境也变得好起来。

由于秦朝的残暴统治，各地义军纷纷起兵。我觉得施展才能的机会到了，就去投奔项羽。但在随后的楚汉战争中，项羽却怀疑我和刘邦有勾结，想暗中杀害我，我只得逃离了楚营。

我去投奔刘邦。见面后，刘邦和我谈论天下大事，觉得我是一个不可多得的人才，马上提拔重用我，给我安排了一个很好的职位。

在以后的岁月里，我一心一意辅佐刘邦。后来有人替我概括了一下，说成是"六出奇计"。

第一计，用重金收买楚军将士，实施反间计，使项羽对谋士范增产生怀疑。

第二计，继续挑拨项羽和范增的关系，范增忧愤病死，铲除了项羽的得力助手。

第三计，派女子身着军装出城，惹得楚军看热闹，刘邦趁机逃出荥（xíng）阳。

第四计，韩信请求当代理齐王，刘邦非常气恼，经我提醒后顺势封他为齐王，安抚了韩信。

第五计，汉朝建立后，我向刘邦建议，以游云梦泽为名，擒获韩信，维护了国家统一。

第六计，刘邦被冒顿单于围在白登山（今山西省大同市以东），我出了个主意，把一幅美女图献给单于的王后，利用她的嫉妒心解了围。

刘邦觉得我的功劳大，封我为曲逆侯。刘邦死后，太后吕雉把持大权，对我很不放心。为了避祸，我装出一副胸无大志的样子，整天吃喝玩乐。吕后死后，我和周勃平定了吕姓子弟的叛乱，拥护文帝刘恒继位。文帝封我为左丞相，周勃为右丞相。周勃觉得才能比不上我，就辞职让我一个人当了丞相。

丞相大人的试卷

智慧分 96

该生从小家境贫寒，自学成才。他具有处理复杂问题的高超智慧，将机智和狡黠融为一体，并运用到极致，不仅帮助刘邦消灭了项羽，还能在朝廷的钩心斗角中得以善终，是中国历史上有名的智者。

修养分 85.5

该生相貌俊美，仪表堂堂，是个很帅气的书生。他还具有谦逊、恭让的美德，请文帝任命周勃为右丞相，自己屈居左丞相，直到周勃辞职才不得不担任唯一的丞相。不过，他的计谋大多显得诡诈，不像张良那样堂堂正正，给人的印象不太好，这也是他的名声不如张良的原因吧。

能力分 93

该生足智多谋、锐意进取，多次用奇计辅佐刘邦，是不亚于"汉初三杰"的一代谋臣。司马迁曾经这样评价："他使用六个奇妙的计策，使诸侯归附汉室；他主谋消灭了诸吕叛乱，使国家社稷安定。"这个评价是比较客观公正的。

综合得分 $(96 + 85.5 + 93) \div 3 = 91.5$

好玩的历史

同事闲话

我是周勃,陈平的搭档。在平定了吕姓子弟的叛乱之后,文帝本来封了陈平当右丞相,可他却说功劳不如我,把右丞相的位子让给了我,自己甘愿当我的副手。经过一段时间,我发现自己治理国家的才能远不如陈平。

有一次,文帝问我全国一年的案件有多少,收入有多少,我答不出来,紧张得汗流浃背。他又问陈平,陈平回答说:"这些事可以问主管的官吏。"汉文帝问:"如果各种事都有主管,那么你主管什么?"陈平回答说:"我主管官吏,使各个官吏各司其职、各尽其责。"文帝听了,连连点头。

听了陈平的解释,我觉得很惭愧。所以不久之后,我就辞职让贤了。

> 陈平简直太聪明了,每次遇到危急情况,都能随机应变,想出好办法。在我们身边,却有不少同学因为缺乏这样的智慧而吃了亏。要是我们也有陈平那样的脑袋瓜,该多好啊。
> ——何圆圆

趣闻大播报

陈平得到项羽要杀他的消息之后,把项羽赏赐的黄金和官印封好,派人送还项羽,自己只拿了一把剑逃走了。

他逃到黄河边,看到一条小船,就请船夫送他过河。等船到了河中央,陈平觉察到船夫的神色不对,知道自己遇上水盗了。肯定是他们看见自己穿着军官的衣服,以为身上装了不少金银财宝,想谋财害命。

他情急之下,立刻想出一个主意。只见他把衣服脱下来,扔在船上,光着上身对船夫说:"你们摇得太慢了,还是我帮你们摇船吧。"

船夫看他腰间什么也没有,衣服扔在船上也没有钱币碰撞的声音,知道他身上没有金银珠宝,就打消了抢劫的念头。

就这样,陈平平平安安到了对岸。

14 霍 光

姓名	霍光	性别	男	年级	（西）汉	学号	0405
生卒年	？—前68年			原籍	河东平阳（今山西省临汾市）
典故	芒刺在背	不学无术

名臣自述

说起来不好意思，我是沾了同父异母的哥哥霍去病的光，才入朝为官的。

因为我为人忠厚、办事严谨，得到汉武帝刘彻的喜爱。我负责保卫汉武帝的安全，从来没有出过什么差错。

武帝临死的时候，让八岁的小儿子刘弗陵继位，嘱咐我行使丞相的权力，辅佐弗陵。

昭帝刘弗陵继位后，我料理政务更加勤恳谨慎，实行"与民休息"的政策，减轻农民负担，减少边境冲突，把国家治理得井井有条，百姓富足、国力强盛。

元平元年（前74年），年仅二十一岁的昭帝去世。因为他没有儿子，由谁继位成了一件令人头疼的大事。许多大臣想立昭帝的哥哥刘胥（xū），但我知道刘胥这个人品行不好，所以武帝当年才没有选立他。如果现在选立他，怎么对得起死去的武帝呢？我只得冒着得罪许多大臣的风险，另外选立继承人。

我和皇太后商量后，决定立武帝的孙子昌邑（yì）王刘贺为帝。等到刘贺当了皇帝，我才发现他是一个荒淫无道的浪荡公子。我又生气又苦闷，感到对不起武帝。

我把我的苦恼向好朋友田延年说了，田延年说："大将军是国家的柱石，你既然知道昌邑王不配做皇帝，就应该禀报太后把他废掉，另外选立一个贤明的人。你应该向商朝的伊尹学习，做一个汉朝的伊尹。"

听了田延年的话，我还是下不了决心，怕不合礼法。我和其他几个重要大臣商量，大家都同意废掉刘贺。于是，我和群臣向皇太后禀明情况后，废掉了刘贺。

国不可一日无君。刘贺被废掉了，该立谁当皇帝呢？我愁得睡不着觉，光禄大夫丙吉向我推荐武帝的曾孙刘询。我经过考察，发现这位皇曾孙确实有德有才，口碑非常好，就和大臣们商量后，禀报皇太后，拥立刘询当了皇帝。

我像辅佐昭帝一样，仍然忠心耿耿地辅佐宣帝刘询，使得汉朝再次兴盛，出现了"昭宣中兴"的局面。

好玩的历史

💡 智慧分 65

该生资质平平，所受的教育也不多，但能侍奉武帝二十多年，从来没出过差错，并被武帝认定为顾命大臣，悟性还是蛮高。不过，他在处理家务事方面不太严格，许多家人亲戚为非作歹，最后落得灭族的可悲下场。

修养分 68

该生具有一定的儒学修养，平时的一举一动都合乎礼法。他宁可背负擅自废立皇帝的恶名，也不愿使汉朝衰败，具有对国家高度负责的可贵品质。

能力分 83

该生主政二十多年，尽心尽职，果敢善断。他废刘贺，立刘询，使汉室转危为安。他坚定不移地执行"与民休息"的政策，稳定了武帝后期以来动荡不安的局势，是"昭宣中兴"的第一功臣。

综合得分 （65 + 68 + 83）÷ 3 = *72*

我是汉宣帝刘询,对霍光的感情非常复杂。是他拥立我当皇帝,我非常感激他。尽管我也知道他对我忠心,但我和他在一起,还是觉得紧张,浑身不舒服。再加上他的家人不守规矩,特别是霍夫人为了立她的女儿为皇后,竟然派人毒死了我心爱的许皇后。霍光死了以后,我也就不客气了。我趁霍氏家族预谋发动政变之机,把霍家一网打尽了,被株连的有几千家。

> 我们大多数人都是凡人,那么平凡的人能取得成功吗?霍光告诉我们:能,当然能!一步一个脚印,踏踏实实做好每一件事,我们获得成功的机会,不比天才少。
>
> ——何圆圆

好玩的历史

趣闻大播报

汉武帝晚年以后,想立小儿子弗陵为太子,但又觉得弗陵年龄太小,必须物色一个忠实可靠的大臣来辅佐他。

武帝认为,只有霍光可以担当此任。他想起了周公辅佐成王,曾经背着小成王临朝,会见诸侯的故事,就让人画了一张《周公背成王朝诸侯图》送给霍光。这是用画来暗示霍光,将来要像周公辅成王一样来辅佐幼主弗陵。

过了一年,武帝病危。临终前,霍光流着眼泪问武帝:"如果陛下有个三长两短,由谁来继承皇位呢?"

武帝说:"立我的小儿子弗陵为太子,由你来辅佐他。去年我送给你的那幅画,你到现在还没有领会其中的意思吗?"

霍光一听,这才明白武帝送他那幅画的用意,感动得痛哭流涕,赶忙叩头谢恩。

15 曹操

姓名 曹操　　**性别** 男　　**年级** （东）汉　　**学号** 0406
生卒年 155年—220年　　**原籍** 沛国谯县（今安徽省亳州市）
名言 老骥伏枥，志在千里；烈士暮年，壮心不已。

名臣自述

虽然我出生在一个高干家庭，但没有多少人真正瞧得起我。和袁绍那些名门望族比较起来，我的社会地位低得多。

我从小就很机灵，善于随机应变。有个人给我相过面，说我如果生活在太平时代，就会成为能臣；要是在乱世，就会成为奸雄。我一听，非常高兴，心想：不管是能臣还是奸雄，能创立一番事业就好。

二十岁那年，我当上了洛阳北部尉，负责管理京城北部的治安。

我一上任，就叫人做了十几根五色大棒，悬挂在衙门两边，宣布谁要是

好玩的历史

违犯禁令，就用大棒责打。有个有权势的人横行霸道，触犯了禁令。我毫不客气，立即把他抓起来，乱棒打死了。这件事震动了整个洛阳城，京城治安明显好转。

黄巾起义爆发以后，我参加了消灭黄巾军的战斗，因为立有战功被提升为济南国相，管理国内行政事务。

当时济南国共有十多个县，各县官吏多依附权贵，贪赃枉法，为非作歹。我拿出当洛阳北部尉时的霹雳手段，一口气奏免了多个县吏，吓得贪官纷纷外逃。

大军阀董卓废掉少帝，改立献帝刘协，独揽朝政。我号召天下英雄讨伐董卓。各地联军虽然人数众多，但各怀鬼胎，不肯出力。我非常气愤，开始单独创业，实力逐渐强大。

为了提高威望和号召力，我把献帝接到许昌，重新建立了一个朝廷。我用献帝的名义发布各种命令，成了国家的实际掌权者。经过几年的激战，我得到了一大块地盘。

我的下一个目标是打败袁绍。建安五年（200年），我率领两万人和袁绍的十万大军在官渡（今河南省中牟县东北）展开决战，打败了袁军主力，为日后统一北方打下了坚实的基础。

建安十三年（208年）我自任丞相后，率军八十万进攻南方的孙权和刘备，实现我一统天下的梦想。没想到，赤壁之战，我败得很惨，狼狈不堪地逃回了许昌。

赤壁之战后，孙权和刘备的势力急剧膨胀，全国出现了三足鼎立的局面。我不愿看到这个结果，但也无能为力，因为我已经老了。

智慧分 98

该生很有谋略，特别是以少数兵力消灭了强大的袁绍，足见他善于用兵，智谋超群。他还结合自己的作战经验，为《孙子兵法》作注，创作了一本军事专著《孟德新书》。他"挟天子以令诸侯"，占据政治上的优势，更是深谋远虑的体现。

修养分 86

该生执法严明、不避权贵，打击豪强恶霸绝不手软。他求贤若渴、重视人才，身边聚集了一大批治国平天下的精英。他还是个诗人，创作了《蒿里行》《观沧海》等名篇，开创了一个新的文学流派"建安文学"。但是，他凡事想得太多，存在疑神疑鬼的毛病，并因此杀了一些无辜的人。

能力分 98

该生身处乱世，以天下为己任，经过多年征战统一了北方，结束了割据混战的局面。他还实行军民屯田制，兴修水利，对当时的农业生产起到了恢复作用，对于安定百姓生活、推动社会进步做出了重大贡献。

综合得分 $(98 + 86 + 98) \div 3 = 94$

好玩的历史

对手闲话

我是袁绍,和曹操小时候是同学,长大以后是同事,交往非常密切,但我根本瞧不起他。

一是因为他的家庭出身,他爸爸认了一个宦官当干爹,他也就成了宦官的孙子,怎么能和我这个根正苗红的"四世三公"子弟相提并论呢?

二是他的长相,不光身材矮小,而且长得很寒碜。我能带着他一起玩,就已经很给他面子了,可他竟然和我争起了地盘。

我决心好好教训教训他,就和他在官渡开了战。可万万没想到,这家伙鬼点子太多,竟然放火烧了我的粮草,害得我吃了个大败仗。我出身高贵、人多势众,怎么会败在他手里呢?我到死也没有想明白。

趣闻大播报

有一年夏天,曹操统率十万大军去打仗。在经过一片荒原的时候,太阳毒辣地炙烤着大地。士兵们从早上走到下午,肚子还没有吃过一点东西、喝过一口水。

一个士兵实在受不了了,就大声抱怨:"如果再没有水喝,我一定会死掉的。"

"对呀,我也快渴死了!我们不能再走了!"士兵们一个接着一个地埋怨起来。

看着大家没精打采的样子,曹操很是苦恼:有什么办法可以让大家觉得不口渴呢?

忽然,他灵机一动,当即骑着马跑到一块高地上,用马鞭朝前一指,对士兵们高呼道:"前边有一大片梅林,树上结了好多酸溜溜的梅子。我们只要走过这片荒原,就有梅子吃喽!"

　　一听到前面有酸酸的梅子可以吃,士兵们嘴里面不知不觉就生出了许多唾液出来。"快走快走,前面有梅子吃!"大家一个个垂涎三尺,精神抖擞,很快就走出了大荒原。

> 我们在学习上、生活上总会遇到一个又一个困难,该怎么做呢?退缩吗?不,要拼搏。只有拼搏,才会成为强者。就像曹操一样,战胜了一个个对手,终于获得了成功。
>
> ——林子奇

16 诸葛亮

姓名 诸葛亮	**性别** 男	**年级** 三国	**学号** 0501
生卒年 181年—234年		**原籍** 琅琊阳都（今山东省沂南县）	
名言 非淡泊无以明志，非宁静无以致远。			

名臣自述

我的身世很凄惨，八岁就成了孤儿，跟着叔叔一起生活。后来，叔叔丢了官，带着我在襄阳（今湖北省襄阳市）住了下来。真是祸不单行，不久叔叔也去世了。

我在襄阳一个亲人也没有，只好在隆中搭了几间茅屋，以种地为生。我闲暇的时候读了很多书，不光对天文地理十分熟悉，对用兵打仗也很精通。我特别崇拜春秋战国时期的政治家管仲和军事家乐毅，经常把自己和他们相比。我的朋友们不但不嘲笑我，还说我是个有理想、有抱负的好青年。

丞相大人的试卷

虽然我住在乡下，但我对国家形势并不陌生。当时，曹操占据了北方，很有实力；孙权靠他父亲和哥哥的老本，也牢牢地占据了一块地盘。此外还有荆州的刘表和益州的刘璋，但他们成不了气候。在这样的乱世当中，怎么才能成就大业呢？

机会终于来了，有个叫刘备的人向我发出了邀请。刘备是献帝的远房叔叔，志向远大，但运气不好，实力也不强。他投靠刘表后，听说我是个了不起的人才，就来隆中拜访我。虽然我听说过刘备的名声，但对他不太了解，想考验考验他的诚意。所以，他一连来了两次，我都避而不见。直到第三次，我看他确实有诚意，才出来和他见面。

在交谈中，我为他谋划了统一天下的"三部曲"。后来有人把这次谈话称作"隆中对"。刘备非常赞赏我的见解，请我帮助他成就大业。我被他的诚意所感动，答应了他的请求。

我出山不久，就赶上曹操大举南征，准备踏平江南。我独自一个人出使东吴，促成孙刘联盟，在赤壁把曹操打得落花流水。然后，我帮助刘备夺取了荆州和益州，实现了"隆中对"的第一个目标。刘备称帝后，封我为丞相。

就在我的计划一步步实施的时候，关羽被东吴的吕蒙杀害，荆州失守。刘备为了哥们儿义气，和孙权打了一仗，结果全军覆没。刘备临死的时候，把他的儿子刘禅托付给了我。

虽然我知道刘禅没什么出息，但我还是竭尽全力地辅佐他。

智慧分 100

该生雄才大略，未出茅庐先定三分天下，为刘备制定出切实可行的战略。他神机妙算，料事如神，和他斗智的人都自叹不如。据说他还发明过"八阵图"和"木牛流马"，可惜已经失传了。

修养分 100

该生谈吐洒脱、风度翩翩，是个气质非凡的人。他有很高的艺术造诣，其中作文（《出师表》堪称经典）和音乐成绩（出版过一本专著《琴经》）最好。他尽心辅佐刘备，勤劳忠诚、廉洁自律、品德高尚，"鞠躬尽瘁，死而后已"是对他一生的最好描述。

能力分 98.5

该生出山之后，刘备很快成为三分天下的重要力量。蜀国建立后，他采取联吴抗魏的外交策略，巩固了国家地位。他治理益州，发展经济，出兵征服南中，为开发大西南做出了巨大贡献。他在国力弱小的不利形势下，五次讨伐魏国都占据主动，军事才能高出世人一等。

综合得分

$(100+100+98.5) \div 3 = 99.5$

同事闲话

我是关羽，刘备的结义兄弟和最得力的干将。

当初大哥请诸葛亮出山以后，对我们说："我得到孔明（诸葛亮的字），就好像鱼得到了水一样。"我当时很不服气，可后来的事实证明，诸葛先生确实有本事。

他没来之前，大哥被人家撵得到处跑，没有一块地盘。他来了之后，形势一天比一天好，很快就占据了荆州、益州，并且建立了和曹操、孙权成鼎足之势的蜀国。

但由于我高傲自负，缺乏大局意识，丢了荆州，我们的事业遭遇了严重挫折。如果没有我的失误，大哥统一天下是很有希望的。我对不起大哥，对不起诸葛先生，我是蜀国的千古罪人！

好玩的历史

> 每个同学都会犯错,重要的是犯了错误以后怎么办。诸葛亮因为用人不当丢失了街亭,马上向皇帝做检讨,请求处分。我们要像诸葛亮一样,勇于承认错误、改正错误。
>
> ——何圆圆

趣闻大播报

据传,诸葛亮收服孟获以后,率兵回朝。走到泸(lú)水的时候,忽然刮起一阵大风,河面上掀起巨浪。诸葛亮觉得很奇怪,就向当地人请教是怎么回事。

当地人说:"这里一直打仗,很多士兵战死在这里,他们的冤魂经常出来作怪。凡是从这里渡水的,必须祭奠他们后才能平安过去。"

诸葛亮问用什么做祭品。当地人说:"用四十九颗人头。"

用人头当祭品,诸葛亮觉得不好。于是,他命令士兵把牛羊肉剁成肉酱,拌成肉馅,在外面包上面粉,做成人头的模样,放到笼屉里蒸熟。他把这种东西叫"馒头"。

他把馒头扔进泸水,拜祭了一番。泸水顿时变得风平浪静,大军顺利地渡了过去。

从那以后,人们就用馒头作为祭祀用的供品,并成为日常食品。这就是"馒头"的来历。

17 谢 安

姓名 谢安　　**性别** 男　　**年级** （东）晋　　**学号** 0502
生卒年 320年—385年　　**祖籍** 陈郡阳夏（今河南省太康县）
典故 东山再起

名臣自述

我是个性情散淡的人，喜欢过悠闲自在的日子。喝喝茶，听听曲，吟吟诗，在我看来是人生最大的享受。

我这种潇洒的生活态度让很多人羡慕不已，慕名来拜访我的人很多。和我交谈后，他们说，整个人神清气爽了，心灵像被净化了一般。这样一传十，十传百，百传千的，渐渐地我成了当地有名的风雅之士。名声在外，开始陆续有人游说我做官，都被我婉言谢绝了。

弟弟谢万和我性格截然相反，他锐意进取，喜欢表现自己。朝中大臣桓温北征时，任命他为豫州刺史，统领重要藩镇。有弟弟在朝中担任要职，光宗耀祖，我乐得在外逍遥自在。

好玩的历史

弟弟这人恃才生骄,完全不把手下部将放在眼里。我多次劝导他,可他屡教不改。在一次战役中,弟弟判断失误,仓促退兵,导致手下部将仓皇逃散,最后他一人骑着马狼狈回朝。朝廷撤了他的职,并将他贬为平民。

弟弟遭贬后,家族声誉受到了很大影响。我们谢家是世家大族,重振家族的担子就落到了我的头上。这时,大臣桓温极力推荐我担任司马(相当于现在的参谋长),我答应了下来。朋友们都取笑我,说我最后还是没能免俗,入朝为官。我很惭愧,但为了家族,为了生活,我别无选择。

在我担任吏部尚书(相当于现在的人事部部长)期间,大臣桓温企图谋反篡位,我趁着他不在京城,力谏病重的简文帝,立太子为皇帝,请桓温以诸葛亮为榜样辅佐幼主。

桓温得知简文帝没有禅位给他,气急败坏地赶回京城,准备起兵谋反。小皇帝派我和侍中王坦之迎接,桓温的手下里外三层地将我们团团围住。王坦之害怕桓温下毒手,紧张得汗流浃背,而我镇定自若地和桓温周旋,终于有惊无险地化解了这场风波。

几年后,我由文士跃身为一人之下万人之上的宰相。在职期间,我大胆起用贤能之才,像谢玄,我并不因为他是自己的侄子,就提拔重用他,而是因为他确实有"经国才略"。桓温在世时曾有谋反之意,他去世后我仍然起用了他的弟弟桓冲。正所谓"内举不避亲,外举不避仇"嘛。我的坦荡胸襟令桓冲折服,后来他心悦诚服地听命于我,由此避免了一场朝廷内讧。

383年,北方的前秦大军南下入侵,我临危受命,派谢石、谢云等将领抗敌,以少胜多,取得淝水之战的胜利。

在晋朝朝政相对稳定时,我急流勇退,把机会让给了年轻人。然后,我又归隐山间,过自己的逍遥日子去了。

智慧分 98

该生从小就很聪明，是个多才多艺的特长生。长大以后，他为了阻止桓温篡权，故意拖延时间，反复修改文稿，最终使桓温的非分之想落空，具有以柔克刚的效果。特别是他在淝水之战中运筹帷幄，妙计迭出，表现出一代谋略家的风范。

修养分 87

该生琴棋书画样样精通，具有很高的艺术造诣。他风度翩翩、气宇轩昂，性格温和儒雅，喜欢过恬静的田园生活，颇具闲情雅致。他的生活比较奢侈，喜欢讲排场。不过当时的风气就是这样，也不能算大毛病。

能力分 100

该生智斗权臣桓温，一次次化解国家危机，是稳定东晋大局的顶梁柱。他当政以后，奉行"以和为贵"的政策，减轻百姓负担，百姓的幸福感增强了不少。他还积极维护国家统一，在淝水之战中打败强敌苻坚，使国家转危为安，避免了亡国悲剧的发生。

综合得分 (98 + 87 + 100) ÷ 3 = *95*

好玩的历史

对手闲话

我是桓温，谢安算是我的敌人。他从来不和我硬碰硬，但总是能打破我的如意算盘，坏我的好事。和他交锋，有一种拳头打在棉花上的感觉，有力使不上。这种感觉很讨厌，可我一点办法也没有。有一次，他遇见我以后，竟然给我下跪。我很惊讶地问："你怎么给我行这么大的礼？我承受不起呀。"他说："连皇帝都要给你下跪，我一个臣子怎么能不跪呢？"这不是讽刺我不把皇帝放在眼里，有篡权的野心吗？当时把我噎得一句话也说不出来，但又不能发火。不过，从那以后我也稍微收敛了一些。

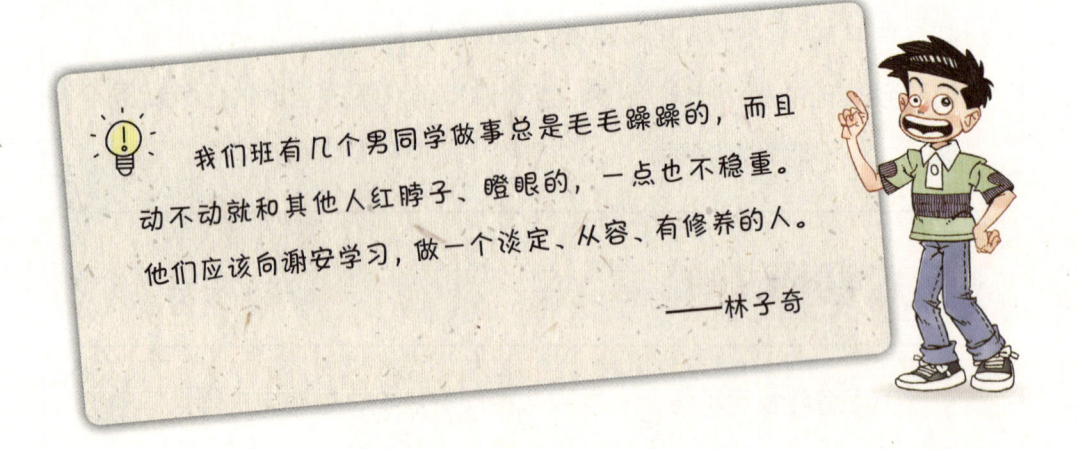

> 我们班有几个男同学做事总是毛毛躁躁的，而且动不动就和其他人红脖子、瞪眼的，一点也不稳重。他们应该向谢安学习，做一个淡定、从容、有修养的人。
>
> ——林子奇

趣闻大播报

前秦将领苻坚率领八十万大军进攻晋朝，晋朝皇帝任命谢安为作战总指挥。当时苻坚的军队兵强马壮，而晋朝集结的兵力只有八万多人。谢安的侄子谢玄指挥操练的北府军担任这次作战的前锋主力。面对敌军八十万的强大兵力，谢玄心里直打鼓，朝廷内外也是人心惶惶。

这时，只有谢安一个人气定神闲，谢玄前来向他讨教作战方案，谢安回答说："我心里有数，你别多问。"不仅如此，他还拉着谢玄和几个朋友到府里下棋。谢玄平时棋艺高于谢安，但这时他记挂着打仗，哪有心思下棋，一连输了好几盘。他不知道叔叔这葫芦里卖的什么药。

一直到晚上，大家心情没那么紧张了，谢安才召集所有的将领到营中开会。他部署了作战方案，又对整个战役做了精心周到的安排。谢安的沉着冷静，安定了军心，鼓舞了士气。

后来谢玄派人从前线传来捷报时，谢安正和朋友在府中下棋。看了捷报后，谢安不露声色。客人们都忍不住问传来的是什么消息。谢安轻描淡写地说："孩子们在前方取得了胜利。"

等客人们下完棋离开后，谢安再也抑制不住激动的心情，回书房时，竟忘了跨门槛，被狠狠地绊了一下，连木屐的齿都折断了。谢安深知这场战役关系着晋朝的存亡，作为宰相，他是大家的主心骨，这个时候他的表现将会直接影响到将士们的作战状态，所以他才刻意表现得那么从容淡定。

18 房玄龄

姓名 房玄龄	**性别** 男	**年级** 唐	**学号** 0601
生卒年 579年—648年		**原籍** 齐州临淄（今山东省淄博市）	
典故 房谋杜断	**名言** 时来易失，赴机在速。		

名臣自述

我出身于书香世家，不仅博览群书、文采出众，而且写得一手好字。要不是后来从政，我说不定还能成为一代书法家呢。

十八岁那年，我考取进士，之后当过几任小官，但每次时间都不长。

隋炀帝大业十三年（617年），太原守将李渊起兵反隋。他率军三万，进军关中，二儿子李世民逼近长安。我敏锐地感觉到：干一番大事业的时机到了。

我来到军营，要求拜见李世民。我们两个谈了很长时间，可以说是志同道合。从那以后，我就成了李世民的重要谋士，跟着他南征北战、东拼西杀。

我明白人才是第一资源的道理，特别注意替李世民搜罗人才。每次打完仗，很多人都忙着抢夺金银财宝，而我做的第一件事就是物色人才，和他们论哥们儿、交朋友，再把他们推荐给秦王李世民。李世民的实力快速地壮大起来。

唐朝统一天下后，我又卷入了李世民和太子李建成的内斗中。我是李世民的属下，自然坚定不移地站在他的阵营。当时太子李建成联合三弟李元吉，势力也不小。我劝李世民尽快动手，但李世民总是有所顾忌，犹豫不决。

李建成见李世民身边有很多能人，就采取拉拢、收买的办法来挖"墙角"，但没有成功。他一看这招不好使，就教唆李渊把我赶出了秦王府。李世民这下急了，派人偷偷地把我请回来，一起商量怎么办。经过周密策划，李世民发动玄武门之变，杀死了李建成和李元吉，当上了太子，两个月后又当上了皇帝。

李世民当皇帝以后，我和好朋友杜如晦一起执掌朝政，干得非常舒心。因为我善于谋划，杜如晦善于决断，所以人们都说"房谋杜断"。

当了宰相以后，我挑选人才、重用人才更有瘾了。我不光推荐他们，还想方设法为他们提供展示才华的机会和舞台，许多人后来都很有出息。太子李治府里有一位名叫李大亮的人，文武全才、品德优异。由于我的推荐，他后来身居三品，受到太宗的器重。

我当宰相二十多年，只知道尽心尽责，不知道偷奸耍滑。我想，能在这个位子上坐这么长时间，这也算是一种诀窍吧。

好玩的历史

智慧分 90

　　该生一共当了二十二年宰相,是唐朝在位时间最长的宰相。究其奥秘,不外乎两条:忠诚和敬业。只有把忠诚和敬业很好地结合起来,才能真正得到皇帝的信赖,为官才能善始善终。这两条看似简单,实则蕴藏着为官的最大智慧,不是一般人能领悟到的。

修养分 91.5

　　该生作为宰相,身居要职却善于团结同事,虚怀若谷,具有名臣气度、良相风骨。他从不突出自己,而是默默地为每一个官员提供展示才华的机会和舞台。他没有一项响当当的"政绩工程",但是谁都知道,这个国家少不了他。

能力分 90

　　该生在任职期间,成绩卓著。史书评论他说:"他总管政府中的各个部门,每天谨慎地处理各类问题,不让一件事情办得不妥当。"他还精通法学,参与制定了中国现存最古老、最完整的刑事法典《唐律疏议》。他的史学造诣高深,主持编写了八种史书,贡献巨大。

综合得分

$(90 + 91.5 + 90) \div 3 = 90.5$

丞相大人的试卷

我是唐太宗李世民，和房玄龄交情深厚。我们在一起相处了三十多年，他是我领兵打仗时最重要的谋士，更是我治理国家最得力的助手。我非常信任他，也非常敬重他。在他病危的时候，我让人把他抬到我的房间，放在我的旁边。我握着他的手，两个人对坐流泪，互相注视着谁也说不出话来。他去世后，我非常难过，三天没有上朝，我用这种方式来哀悼他。

上司闲话

> 房玄龄的权力很大，成绩也特别好，但他从来不骄傲，总是那么谦虚谨慎。而我们很多同学恰恰缺乏房玄龄的这种精神，取得了一点成绩，就觉得了不起。他们真应该向房玄龄学习，做一个谦虚的人。
> ——林子奇

趣闻大播报

唐太宗李世民当皇帝以后，为了表彰房玄龄的功绩，挑了几个美女送给他。房玄龄了解夫人的脾气，知道夫人肯定不会同意，就谢绝了。太宗了解到其中的原委之后，把房夫人找来，亲自劝说她。没想到，房夫人怎么劝也不同意。

太宗火了，问："你是想丢掉忌妒心好好活着，还是想带着忌妒心去死？"

好玩的历史

房夫人毫不犹豫地回答:"我宁可带着忌妒心去死。"

于是,太宗派人拿来一壶"毒酒",当场叫房夫人喝下去。房夫人接过"毒酒",面不改色心不跳,一口气喝了个干干净净。谁知房夫人居然没有死。原来壶里装的不是毒酒,而是一壶醋,是太宗用来试探房夫人的。

这下子,太宗也没有办法了,说:"连我都怕房夫人,何况房玄龄呢!"

从那以后,太宗再也不提送美女的事了。而"吃醋"这个词也成了妒忌的代名词。

I 可真是服了 YOU 啦!

19 杜如晦

| 姓名 | 杜如晦 | 性别 | 男 | 年级 | 唐 | 学号 | 0602 |

生卒年 585年—630年　　**原籍** 京兆杜陵（今陕西省西安市）

典故 房谋杜断

名臣自述

我的家庭条件很好，爷爷和爸爸都在隋朝当过大官。家庭的熏陶，再加上自己的努力，我很早就名声在外。

大业十三年（617年）年底，李渊父子率军攻克了长安。第二年，李渊建立了唐朝。李渊的二儿子李世民早就听说过我的名字，在自己的秦王府给我谋了一份差事。从那以后，我就开始跟着李世民，帮他出谋划策。慢慢地，我成为李世民智囊团里的核心人物，按照现在的说法，就是首席参谋。

随着李渊的事业越做越大，在谁继承这份家业的问题上出现了纷争。按

好玩的历史

照惯例，应该是皇太子李建成，不过，秦王李世民的功劳最大。试想，自己好不容易打下的江山，再拱手让给别人，换谁谁也不干啊。

所以，我和另一个"大腕"级人物房玄龄一起劝李世民，先发制人。李建成那边也没闲着，他联合弟弟李元吉到李渊那里告黑状。李渊就把我和房玄龄赶出了秦王府。这是在有意识地除掉李世民的左右手，等李世民成了"光杆司令"，他们就会动手了。

李世民也明白这里面的猫腻，暗地里派尉迟敬德来跟我联系。我化装成一个道士，偷偷混进秦王府，进行了一番周密的安排。武德九年（626年）六月四日凌晨，历史上有名的政变——玄武门之变爆发了。

李世民当上皇帝不久，任命我为宰相，和房玄龄一起执掌朝政。我们搭班子，在建立朝章制度、选用官吏、确立法制等各方面配合得非常好，为开

创"贞观之治"打下了基础。我们相互配合，取长补短：房玄龄善谋，主意多；而我善断，能通过比较知道选择哪个最好。有的人用"房谋杜断"来概括我们的合作关系，还是很恰当的。

和房玄龄共事的那段日子，真是令人怀念啊！

智慧分 90

该生和房玄龄相比，遇事更善于决断，处理公务雷厉风行，准确无误。他还有一个聪明之处，就是注重同事之间的团结和互补。他和房玄龄，一个出点子，一个拍板子，是搭班子的最佳结合。

修养分 90.5

该生作为宰相，宽厚待人，能正确对待别人的长处，这一点和房玄龄极其相似。《资治通鉴》上说："太宗平定战乱，而房玄龄、杜如晦不谈自己的功劳；王圭（guī）、魏徵劝谏皇帝，而房玄龄、杜如晦让位给他们；李世勣（jì）、李靖善于带兵打仗，而房玄龄、杜如晦采用他们的意见。"

能力分 86.5

该生参与"玄武门之变"，协助李世民当上皇帝，为统一天下做出了重要贡献。他和房玄龄同朝为相，同心协力，精于理政治国，注重选贤任能，奠定了"贞观之治"的基础。由于他在相位时间较短，政绩与房玄龄相比，略显逊色。

好玩的历史

综合得分 （90 + 90.5 + 86.5）÷ 3 = 89

同事闲话

我是房玄龄，杜如晦一生中最亲密的同事和朋友。

我们两个相互配合，珠联璧合，人称"房谋杜断"，成为流传千古的佳话。令人遗憾的是，杜如晦死得太早了。对于他的英年早逝，我痛心疾首，非常难过。

有一次，太宗赏给我一条黄银带，说："你和杜如晦一起辅佐我，今天却只能赏赐你一个人了！"

听了这话，我禁不住热泪盈眶。那天，我和太宗聊起了很多杜如晦的往事，边说边哭，很长时间也止不住。

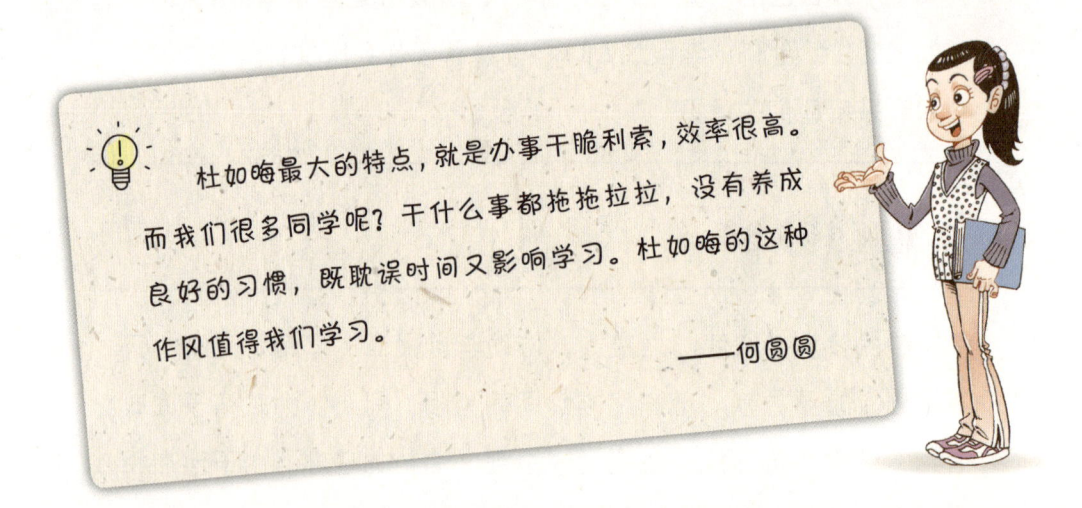

> 杜如晦最大的特点，就是办事干脆利索，效率很高。而我们很多同学呢？干什么事都拖拖拉拉，没有养成良好的习惯，既耽误时间又影响学习。杜如晦的这种作风值得我们学习。
>
> ——何圆圆

唐太宗李世民发现房玄龄、杜如晦一天之内要阅读处理几百件公文，累得直不起腰来，就笑着问他们："你们俩知道自己的主要职责是什么吗？"

两个人不假思索地回答："知道。处理好国家大事，为皇上分忧。"

太宗又问："那么，什么是国家大事呢？"

两个人有点摸不着头脑了，不知怎么回答。

太宗严肃地说："你们身为宰相，应当替我分忧，帮助我操劳国家大事。什么是国家大事呢？选好、用好人才，这才是国家大事。你们要耳听得远，眼看得宽，为国家察访贤能智慧之士。现在你们整天陷在事务堆里，哪有时间帮助我选拔贤能之士呢？"

从那以后，房玄龄和杜如晦从繁忙的事务堆里抽身出来，把主要精力放在处理难事、大事上，特别是放在为国家选拔德才兼备的人才上，为"贞观之治"的形成立下了汗马功劳。

20 魏徵

| 姓名 | 魏徵 | 性别 | 男 | 年级 | 唐 | 学号 | 0603 |

生卒年 580年—643年　　原籍 巨鹿（今河北省邢台市巨鹿县）

名言 兼听则明，偏信则暗。

名臣自述

我是个苦命的孩子，从小就父母双亡，家里穷得叮当响。

长大以后，实在过不下去了，听说一家道观里管饭，就出家当了道士。在道观里，我不仅吃上了饭，还有机会读了不少书，真算是因祸得福。

过了几年，我还了俗，找到了一份工作。后来，我的上司投降瓦岗寨的首领李密，我也跟着过去了。李密很看得起我，让我当了元帅府的文学参军，专门掌管各种文书卷宗。

唐高祖武德元年（618年），李密投降大唐，我又跟着去了。可这次就没有以前那样的好运了,很长时间也没人重用我。就在我心灰意冷的时候,太子李建成相中了我,让我当他的手下。

当时,太子的兄弟秦王李世民功劳太大,已经抢了太子的风头,对太子非常不利。我是个知恩必报的人,看到太子和李世民有过节,就竭尽全力为太子出点子。太子按照我的话去做,果然把威望提高了不少,但还是不能和李世民相比。

后来,我看他们俩彻底撕破脸皮了,就劝太子先下手为强,干掉李世民。可是没想到的是,李世民提前动手,发动"玄武门之变",把太子杀了。李渊一看李世民这么心狠手辣,怕他把自己也顺便除掉,吓得干脆把皇位让给李世民了。

因为我是太子的心腹,所以被抓住以后,觉得必死无疑。没想到,李世民不光饶了我的命,还让我当了谏议大夫,专门给他提意见。李世民派我去安抚太子的手下,全都赦免了他们。通过这件事,我发现李世民不是一般人,是块好皇帝的材料,就决心好好辅佐他。

我这个人是个直肠子,看到不合理的事情就要说出来,丝毫不给李世民留面子。

有一年,李世民想把征兵的年龄下调到十八岁以下,我觉得不合适,就和他争得脸红脖子粗。最后,他接受了我的意见,还奖给我一个金瓮。这样的事还有很多很多,可以毫不谦虚地说,凡是我的意见,李世民大多数都听了。

后来的人都说,李世民之所以能开创"贞观之治",和我有着很大关系。听了这话,我心里还是很自豪的。

好玩的历史

智慧分 83

该生天资聪明，身处逆境仍能刻苦学习，并取得了非常不错的成绩。不管是在谁的手下做事，都能积极出谋划策，使他的上司加分不少。如果李建成能听他的建议，历史将会重写也说不定呢。

修养分 93.5

该生所具备的修养是多方面的，也是比较突出的。比如，人格修养方面，他清正廉洁，临死的时候，住的房子还十分简陋；文学修养方面，曾经写过一篇非常有名的《十渐不克终疏》，直到现在还很有启发意义。他还参与了很多部历史著作的编写，被称为"良史"。

能力分 92

该生的综合素质较高，赤胆忠心、直言劝谏，对待本职工作可以说是尽职尽责、一丝不苟。有一份材料上说，他先后给李世民提了两百多次意见，没有一次不被采纳的。这样的成绩，难怪被称作"第一谏臣"呢。

综合得分 （83 + 93.5 + 92）÷ 3 = *89.5*

我是唐太宗李世民。对于魏徵，我可以说是既敬重又畏惧。这个人胆子太大，什么事情都较真，有时候一点面子都不给，我这个皇帝当得一点也不自由。有一次，我正在逗一只宠物鸟，远远看见他进来，赶紧把鸟藏在怀里。等他说完事情离开后，我把鸟拿出来一看，已经憋死了。我当时心疼得真想杀了魏徵，不过现在想想，也多亏他经常监督我，给我提意见，使我随时保持清醒的头脑。不然的话，我都不知道能不能管住自己。

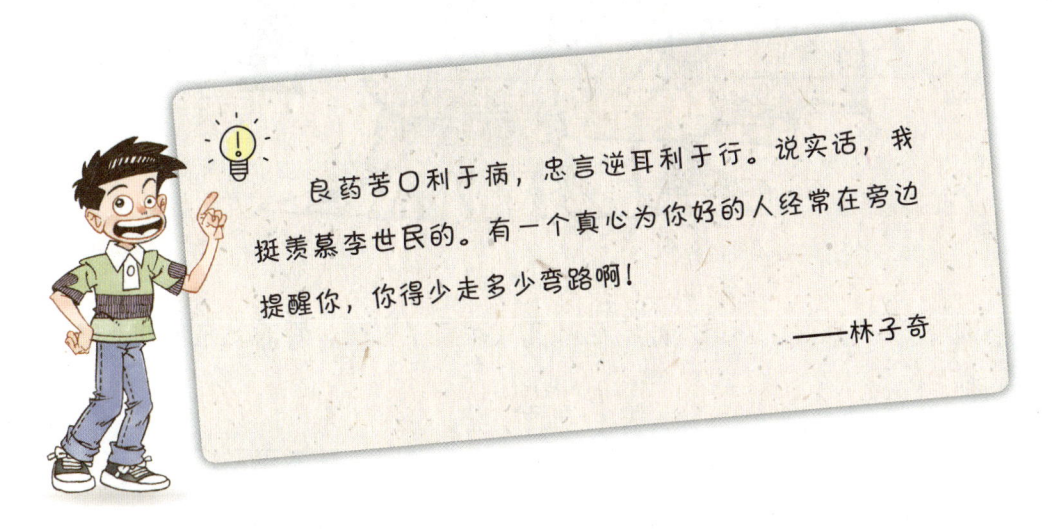

> 良药苦口利于病，忠言逆耳利于行。说实话，我挺羡慕李世民的。有一个真心为你好的人经常在旁边提醒你，你得少走多少弯路啊！
> ——林子奇

魏徵为人严肃，不苟言笑，像个冷血动物。有一天，魏徵走了以后，李世民望着他的背影，对身边的侍臣说："这个羊鼻公（李世民给魏徵起的外号），整天板着脸，真不知道什么东西能让他动心。"

侍臣说："魏徵喜欢吃醋芹（一种凉菜，做法是将芹菜去叶洗净切成小段，在沸水中烫熟，取出晾凉后，加醋、盐、香油

及调味品拌匀即成），每次吃完后都高兴得直喊过瘾，那时就是他的真情流露。"

第二天，李世民请大臣们吃饭，上了三盘醋芹。魏徵见了，心里高兴，一个劲儿地夹醋芹。结果饭没吃完，三盘醋芹已经下肚了。

李世民开玩笑说："你平时总说自己没什么嗜好，今天总算让我发现了。原来你特别喜欢吃醋芹呀。"魏徵连忙拜谢。

21 狄仁杰

姓名 狄仁杰	**性别** 男	**年级** 唐	**学号** 0604
生卒年 630年—700年		**原籍** 并州晋阳（今山西省太原市）	
典故 桃李满天下			

名臣自述

我出生在一个比较富裕的家庭。由于家里的条件好，我小时候读了很多书，学习成绩也很优秀。通过科举考试，我当上了国家公务员。

也许是我刚出道，不懂得官场规矩，时间不长就得罪了同事，被告了黑状。就在我哑巴吃黄连——有口难辩的时候，生命中的贵人出现了。工部尚书阎立本不仅替我洗清了冤屈，还提拔我当了并州法曹（官名，州郡的司法官员）。

高宗仪凤元年（676年），我被调到大理寺（相当于现代的最高法院），负责刑事案件的审理。

我天生就是个断案高手，干这个差事可算是如鱼得水。不到一年的时间，我就判决了大量的积压案件，涉及一万七千多人，没有一个上诉的。我也因此得了"神探""神断"的绰号。

武则天当皇帝以后，我接连在几个州郡当地方官。虽然我干得很有成绩，但由于得罪了宰相张光辅，最后被贬官了。几年后，武则天不知道怎么记起了我，直接提拔我当了宰相。

可是好景不长，来俊臣诬告我谋反，把我关进了大狱。幸亏我脑瓜子灵活，靠着自己的聪明才智洗清了冤情。尽管我是冤枉的，但武则天并没有让我官复原职，而是把我贬成了彭泽县令。

又过了几年，契丹进犯北部边境。武则天让我当魏州刺史，负责平息战乱。

契丹听说我到了，吓得一仗没打就退兵了。我的社会声望越来越高，武则天把我召回朝里，恢复了宰相的职务。

虽然我是武则天的宰相，但总觉得女人当皇帝不合适，皇位还是应该还给老李家的子孙。所以我想方设法，劝武则天立了她的儿子李显为太子，唐室天下这才得以维持下去。就因为这个，后来的人都把我看作再造唐室的忠臣义士。

另外，我还向武则天推荐了很多能人，这些人后来也很露脸，姚崇、张柬之等人还当上了宰相。武则天对我也很信任，经常称呼我"国老"，而不喊我的名字。能得到这种超级待遇，真是太荣幸了。

智慧分 92

该生绝对称得上智力超群，各种离奇复杂的案件到了他的面前，如同小菜一碟。武则天是一个不同寻常的女人，而狄仁杰却能得到她的绝对信任和敬重，凭的不是运气，而是非凡的智慧和变通能力。

修养分 81

该生对武则天的忠诚度不够，有点"身在曹营心在汉"的感觉，不太厚道。他既对武则天尽心竭力，忠心耿耿，又在骨子里反对武则天当皇帝，内心深处充满了矛盾。

好玩的历史

能力分 94

该生从事过很多种职业,在每个岗位上都干得有声有色,政绩卓著。让他当法官,他断案如神;让他发展地方经济,他施政有方,老百姓都争着为他树碑颂德;让他领兵打仗,他能吓得敌军不战而逃……他称得上一个复合型人才。

综合得分 $(92+81+94)\div 3 = 89$

对手闲话

我是武承嗣,武则天的侄子。我本来可以名正言顺地被立为太子,成为皇帝的。可是狄仁杰就是看我不顺眼,处处和我作对。我是无赖我怕谁?看谁斗得过谁。结果我还是输了,输得很惨,郁闷得我连死的心都有。我发现,谁选择狄仁杰当对手,谁就意味着失败。他太可怕啦!

> 狄仁杰特别聪明,尤其是逻辑推理能力一流。我们应该好好学习狄仁杰的才智,仔细观察事物,周密思考问题。具备了这种能力,一定会受益一辈子。
> ——何圆圆

有一天，武则天和狄仁杰在一起议论朝政。武则天请狄仁杰推荐几个人才。

狄仁杰问："不知道陛下要找哪一方面的人才？"

武则天说："就像国老这样，能出将入相的。"

狄仁杰说："如果论文学才华，苏味道、李峤（qiáo）就很不错。但如果一定要找一位出类拔萃的，那就只有荆州长史张柬之了。这个人年纪虽然老一些，却是宰相的最好人选，他一定会效忠陛下的。"武则天马上提拔张柬之担任了洛州（今河南省洛阳市）司马。

过了一段时间，武则天又请狄仁杰推荐一个宰相的人选。狄仁杰说："上次我推荐了一个张柬之，陛下还没有任用他呢。"

武则天说："怎么没有任用？我不是已经提拔他当洛州司马了吗？"

狄仁杰笑着回答说："我向陛下推荐的张柬之，是一个可以担任宰相的人才。而您让他当司马，不能算是任用啊。"

于是，武则天先把张柬之提拔为秋官侍郎，后来又任命为宰相。

22 姚崇

| 姓名 | 姚崇 | 性别 | 男 | 年级 | 唐 | 学号 | 0605 |

生卒年 650年—721年　　原籍 陕州硖（xiá）石（今河南省陕县）

绰号 救时宰相　　名言 心苟至公，人将大同。

名臣自述

毫不谦虚地说，我是个文武全才。

我从小爱好习武，练就了一身好武艺，十八般兵器样样精通。要不是遇到一位高人指点，也许我一辈子只是个勇夫，更没有当宰相的可能。

这位高人叫张憬（jǐng）藏。有一次，他到我家做客，在聊天中他说我气质不俗，也很聪明，将来能做到宰相一级的大官。但他又说，我重武轻文，知识贫乏，必须从今往后好好读书，增长见识，千万不能自暴自弃。

听了他的话，我开始弃武从文，发奋读书。二十七岁时，我已经是文思敏捷、下笔千言的大才子了。

　　这一年，我参加唐高宗亲自主持的科举考试，高中"下笔成章"科。能够高中这一科的，都是有见识、文采好的人。

　　我在兵部做事的时候，正赶上契丹人入侵，我的武学知识派上了用场。我处理军务干净利索、井井有条，得到武则天的赏识。对于武则天的知遇之恩，我终生难忘。

　　过了几年，我被武则天任命为宰相，但因为得罪了她的宠臣张易之，被调出京城。虽然名义上还是宰相，但没有一点实权。我走之前，推荐张柬之当宰相。不久，张柬之发动政变，武则天被迫把帝位让给了太子李显。我对武则天表示同情，被中宗李显撤去了宰相职务。

　　睿宗李旦当皇帝后，又任命我为宰相。可是好景不长，我又因为弹劾干预朝政的太平公主，再一次被贬官。玄宗李隆基继位后，知道我的才能，打算任用我当宰相。我没有马上答应，而是提出了十条治国

建议，看他能不能采纳，判断他有没有整顿弊政的魄力和决心，值不值得我效命。想不到他很赞同我的建议，表示要全盘采纳，令我激动不已。

当上宰相以后，李隆基对我的工作给予了全力支持。我迎来了一生中政治生命的黄金时期，裁撤冗员、精简机构、任用贤能，开始了一系列大刀阔斧的改革。唐王朝重新走上了繁荣、兴盛的道路，史书上称作"开元盛世"。

开元四年（716年），我向李隆基递交辞呈，回家养老去了。

智慧分 92

该生少年习武，青年习文，既有卓越的军事才能，又有超群的政治才能，是当之无愧的栋梁之材。他头脑灵活，才思敏捷，工作效率极高。有一次，他请了十多天假，另一个宰相卢怀慎忙得焦头烂额。姚崇上班以后，很快就处理了积压下来的大量事务。史书上称赞他是"救时宰相"。

修养分 71

该生在工作上勤勤恳恳，能力超群，敢于犯颜直谏，是一等一的人才。但在为人方面，却喜欢玩弄权术，显得不够厚道。张说和刘幽求两位宰相都因为与他合不来，被他暗施手段，撵出京城。"金无足赤，人无完人。"这话也不是没有道理。

能力分 95

作为"救时宰相",最能体现该生能力水平的,应该算是他给唐玄宗提出的十条治国建议,史称"十事要说"。玄宗把它看作救世良方、最重要的施政纲领。即使一千二百年后,毛泽东仍然对"十事要说"给予了高度评价:"如此简单明了的十条政治纲领,古今少见。"

综合得分 $(92+71+95)\div 3 = 86$

我是唐玄宗李隆基。对于姚崇,我是十分信任的。

他向我提出"十事要说"的时候,我就决定,把一切政事都交给他办理。事实证明,我还是很有眼光的。

有一年,中原一带发生了蝗灾。庄稼成片成片地被吃光,农民颗粒无收。

当时我们真是愚昧啊,竟然觉得蝗虫是神虫,不能捕杀。姚崇引经据典,劝我下令捕杀蝗虫。在他的反复劝说下,我终于下定决心驱灭蝗虫。姚崇又亲自主持捕蝗行动,于是灾情得到了减轻,而且之后再也没人相信蝗虫是神虫的鬼话了。

好玩的历史

> 姚崇身上，表现出一种坚韧不拔的可贵品质。如果我们也能像他一样，面对艰难险阻，毫不退缩、勇往直前，还有什么困难克服不了呢？
>
> ——林子奇

趣闻大播报

有一年，唐玄宗派吏部尚书魏知古到东都洛阳去选拔官吏。姚崇的两个儿子知道魏知古是父亲推荐的，就想走他的后门。魏知古回来以后，把这件事向李隆基报告了。

玄宗想试探一下姚崇的态度，就瞅了一个机会装作不经意地问姚崇："你的儿子才能和品德怎么样？现在在什么地方做事？"

姚崇很坦率地介绍了两个儿子的情况，说他们为人贪婪，不知检点，现在东都洛阳任职，并说他们很可能会在东都走魏知古的门路。

玄宗原以为姚崇会为儿子隐瞒，听了他的话以后，惊奇地问："你是怎么知道的？"

姚崇说："魏知古本来是小官，是我引荐他担任重要职务的。我的两个儿子一定以为魏知古会为了感激我，为他们开后门，答应他们的请托。"

玄宗见姚崇这么坦率无私，心中十分高兴，对姚崇更加敬重了。

23 宋璟

| 姓名 | 宋璟（jǐng） | 性别 | 男 | 年级 | 唐 | 学号 | 0606 |

生卒年 663年—737年　　**原籍** 邢州南和（今邢台市南和区）

名言 公事当公言之，若私见，则法无私也。

名臣自述

我这一辈子，其实非常简单，就是一个字："斗"。

我从小就有一股子韧劲。凭着这股韧劲，我二十岁就考取了进士，开始了长达半个世纪的从政生涯。也就是从那时候起，我作为"斗士"的日子就没停止过。我性情刚直、奖罚无私，凭着一身正气勇斗权奸，从来没有含糊过。

武则天当皇帝的时候，张易之、张昌宗横行不法、为所欲为。我看不过眼，就处处和他们作对，至于个人的安危，就顾不得了。张易之陷害宰相魏

元忠，还贿赂张说，让他作伪证。我劝张说实话实说，使魏元忠免除了杀身之祸。从此，我和"二张"结怨更深。他们多次想陷害我，甚至暗杀我，都没有成功。

　　中宗李显通过政变当上皇帝后，权倾朝野的武三思觉得我在朝里对他不利，就把我排挤出了朝廷。睿宗李旦当了皇帝后，任命我为宰相。我和姚崇同心协力、革除弊政，罢免了好几千买官的人。我们还从改革制度入手，选用了许多人才。我提醒睿宗防备太平公主谋反，得罪了太平公主，被罢免了宰相职务。

唐玄宗李隆基当皇帝后,任用姚崇当宰相。姚崇辞职后,推荐我做了宰相。玄宗很尊重我,每次召见,他都要从座位上站起来迎接我;我离开的时候,他还要送我出殿。他越是这样,我就越觉得应该经常给玄宗提出好的建议,使他成为一个出类拔萃的帝王。

当时有个规定,地方官每年都要派人向皇帝、宰相汇报工作。他们的使者到了京城,往往要四处送礼、结交权贵。我发现弊端不少,就向玄宗建议,所有礼品一概退回,杜绝收礼受贿的歪风。还有一次,玄宗给了他的老部下王仁琛一个五品官,我觉得不合制度,坚决反对。玄宗拗不过我,只好取消了任命。

智慧分 83

该生为官刚正、宁折不弯,是出了名的直肠子。他的倔脾气一上来,甚至敢和皇帝对着干。幸亏他遇到的是英明的武则天、软弱的李旦和具有容人之量的李隆基,如果遇到的是刚愎自用的家伙,岂不太危险了。他的自我保护能力还需要提高啊。

修养分 85

该生虽然掌握朝政大权,但为官清廉,从不徇私枉法。相反,他对自己的亲属要求非常严格,为世人所称道。一次,他的远房叔叔宋元超在参加吏部选拔的时候,对主考官说自己和宋璟是亲戚,希望能得到照顾。宋璟知道以后,不但没有给他说情,反而特地关照吏部,不给他官做。

好玩的历史

能力分 88.5

宋璟同姚崇一样,都是唐代历史上著名的贤相,素有"前称房杜,后称姚宋"之说。在宋璟的治理下,当时的唐朝出现了路不拾遗的局面,为开创"开元盛世"打下了良好的基础。此外,宋璟文采出众,所写的《梅花赋》以花喻人,词句优美,备受历代文人称道。

综合得分 $(83 + 85 + 88.5) \div 3 = 85.5$

对手闲话

我对谁也不隐瞒,我就是"斜封官"(当时人们对那些非正式程序任命官员的蔑称),官职是家里出了三十万钱给买的。

我上任以后,当然要想办法从百姓那里搜刮点油水,要不那三十万钱不就白花了吗?谁想宋璟给皇帝上了一个奏章,请求罢免斜封官。想不到皇帝还真的采纳了他的意见,把我们这些人全罢免了。好几千人呢!

听说宋璟这个人软硬不吃,好歹不分,谁的面子都不给。碰上他,算我倒霉!如果这个世界上都是些这样的官,我们还有好日子过吗?

丞相大人的试卷

> 路不平有人铲，事不公有人管。宋璟就是这样一个眼里揉不得沙子的人，一身正气、激浊扬清。如果我们都能像他这样，不仅自己严格遵纪守法，还带头坚决同不良行为做斗争，我们的社会风气一定会越来越好。
>
> ——何圆圆

趣闻大播报

唐玄宗李隆基有一个特别宠信的人，叫王毛仲。朝廷上下的官员都争着巴结他，和他套近乎。那时候宋璟已经不当宰相了，也没有什么实权，但他洁身自好，不屑于和王毛仲交往。

有一年，王毛仲的女儿要出嫁，玄宗问他还需要什么。王毛仲说："别的事情都准备好了，只是有一位客人邀请不来。"

玄宗一听，感到奇怪，略一琢磨就明白了。他笑着说："你不说名字，我也知道一定是宋璟了。好了，这件事你不用管了，我帮你去请他。"

第二天，玄宗对宋璟说："我的家奴王毛仲女儿结婚，你应该和其他官员一样，去参加婚礼呀。"宋璟勉强答应了。

到了举行婚礼那天，婚宴一直到正午还没有开始，客人们都在等着宋璟。又等了很久，宋璟才姗姗来迟。他端起酒杯，向西拜谢，连一杯酒都没有喝完，就起身告辞了。

24 裴 度

| 姓名 | 裴度 | 性别 | 男 | 年级 | 唐 | 学号 | 0607 |

生卒年 765年—839年　　原籍 河东闻喜（今山西省闻喜县东北）

典故 拾带重还

名臣自述

唐朝自从安史之乱以后，总有一些地方军阀仗着自己块头大、拳头硬，不把皇帝放在眼里，一心想着要分裂国家。我看不惯这些藩镇趾高气扬的劲头，决心帮着皇帝好好教训教训他们，让他们知道守规矩。

有个大军阀叫吴少阳，是淮西节度使。他活着的时候，做得还不算太过分。可是等他死了以后，他的儿子吴元济也不向皇帝打招呼，就一手接管了他老子的人马和地盘。不仅如此，他还勾结另外两个军阀，一个是成德节度使王承宗，一个是淄青节度使李师道，合起伙来对抗中央。

唐宪宗觉得很没面子，派兵讨伐他们，但失败了。吴元济一看宪宗这么好欺负，干脆带兵向都城杀过来，很快就逼到了洛阳附近。我向宪宗推荐了一个能人李光颜。李光颜带领唐军反击，把淮西军打得落花流水，很快扭转了不利局面。宪宗对我知人善任的才能很欣赏。

王承宗和李师道一看吴元济吃亏了，狗急跳墙，竟然使出下三烂的手段，派刺客刺杀我们这些主战派。

宰相武元衡被暗杀，我也受了重伤。但恐怖袭击事件吓不倒我，反而激起了我坚决消灭分裂势力的决心。我被宪宗提拔为宰相，全面负责对淮西的战事。

为了稳定局势、鼓舞士气，我来到淮西前线督战。我充分调动将领们的积极性，还亲自到前沿阵地视察敌情，慰问士兵。官军士气大增，每次作战都大获全胜。

大将李愬（sù）在一个下着大雪的黑夜，突然袭击蔡州城，活捉了吴元济。

淮西问题解决以后，我接着帮助宪宗完成了唐朝的重新统一。之后，宪宗被胜利冲昏了头脑，变得骄傲起来。

他一味追求物质享受，包庇纵容宦官胡作非为。在我的一再劝说下，宪宗逐渐认识到了自己的错误，杀了几个罪大恶极的宦官。但他也烦我多嘴多舌，不久就把我赶到外地了。

后来，我又当过几次宰相，辅佐过几位皇帝，但工作都不开心。我有点灰心丧气，就不再过问朝政，整天和诗人白居易、刘禹锡喝酒吟诗，开始过附庸风雅的生活。

> 没问题！我和居易、禹锡都是好哥们儿。

> 您能帮我要些名人的签名吗？

追星族

💡 智慧分 85

该生在当时藩镇割据的严峻形势下，不向邪恶势力低头，坚决主张平定叛乱，维护国家统一，具有远见卓识。同时，他在处理具体事务时，也体现出高超的智谋。

修养分 86

该生把国家利益放在第一位，不顾个人安危，挽救国家危难，精神可嘉。他光明磊落、言行一致、清正廉明，很有威望。他在文学方面也有较高成就，《全唐文》和《全唐诗》都收录了他的作品。

能力分 90

该生为了维护国家统一，坚持打击分裂割据势力，坚决同宦官和奸臣做斗争，是"元和中兴"的第一功臣。他身系天下安危二十年，说他是唐朝后期的擎天一柱，毫不夸张。

综合得分 （85 ＋ 86 ＋ 90）÷ 3 ＝ 87

我是唐宪宗李纯，一直都把削藩作为自己努力的方向。所以，我发现裴度的才能之后，就大胆起用了他。我和裴度的配合非常默契，即使在发生暗杀事件之后，也没有动摇过平定藩镇叛乱的决心。裴度更是不顾个人安危，亲自上淮西前线督战。他在临走的时候给我立下了军令状，说不消灭吴元济，就不回来见我。我看了以后，非常感动。吴元济这些藩镇势力能够被消灭，大唐能够重新统一，裴度的功劳是最大的。

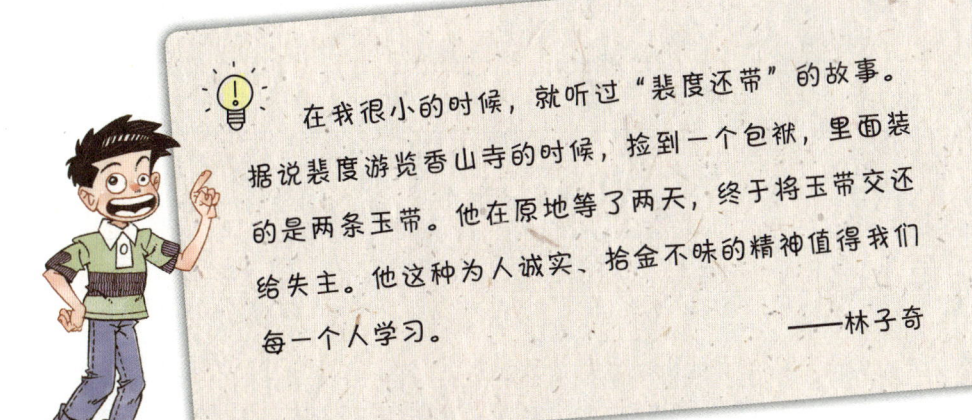

在我很小的时候，就听过"裴度还带"的故事。据说裴度游览香山寺的时候，捡到一个包袱，里面装的是两条玉带。他在原地等了两天，终于将玉带交还给失主。他这种为人诚实、拾金不昧的精神值得我们每一个人学习。

——林子奇

好玩的历史

趣闻大播报

有一天，裴度身边的侍从慌慌张张地跑来，报告说官印不见了。裴度听了，毫不在意，对左右的人说："这件事千万不要张扬，就当作没有丢印一样。"

当官的丢了官印，那还了得？可大家看裴度一点都不惊慌，都感到疑惑不解。当天晚上，裴度在府中大宴宾客，和众人饮酒取乐，十分逍遥自在，好像完全忘掉了丢印的事。

到了半夜，就在大家正喝得高兴的时候，有人发现大印又被放回原处了。左右的人都向裴度表示庆贺，但裴度还是满不在乎。

事后，有人向裴度请教。裴度说："官印不是一般的东西，即使偷了去也用途不大。肯定是管印的人私自拿去用了，而恰巧又被你们发现了。如果不声张，延缓追查，他用完了自然会放回原处；如果急于追查，他就可能害怕，把官印毁掉，那就再也找不回来了。"

左右的人听了，连连点头。

25 赵 普

姓名 赵普　　**性别** 男　　**年级** （北）宋　　**学号** 0701
生卒年 922 年—992 年　　**原籍** 幽州蓟县（今北京市）
典故 半部论语治天下

名臣自述

小时候，我们全家为了躲避战乱，搬了好几次家。在这种环境下长大，我没有办法安心读书，只是跟父亲学了一些如何在衙门里做事的基本知识。

长大以后，我在滁（chú）州当一名小官吏，有机会认识了后周大将赵匡胤。我们两个一见如故，成了好朋友。从那以后，我开始帮他处理一些军政事务和文字材料，成了他的心腹。

显德七年（960年），我和赵匡胤的弟弟赵光义等人一手策划陈桥兵变，把赵匡胤扶上了宋朝开国皇帝的宝座，我一下子成了开国元勋。

好玩的历史

赵匡胤的皇位是靠兵变得来的，他很担心别的将领会如法炮制，抢了他的皇位。我明白他的心思，就劝他削弱藩镇的权势，收取他们的兵权。赵匡胤是个很讲义气的人，和军中的将领都是铁哥们儿，怎么忍心下手呢？我想出一个"杯酒释兵权"的主意，不伤和气地解除了禁军将领的兵权。随后，我又对国家政策进行调整，使全国的军、政、财权都归属中央，彻底打破了唐朝中期以来的藩镇割据局面。乾德二年（964年），我被任命为宰相。赵匡胤非常信任我，无论大事小情都和我商量。

后来，赵匡胤又动起了统一全国的念头。有一天深夜，他冒雪来到我家，和我商量这件事。我为他谋划了"先南后北、先易后难、各个击破"的战略方针。他听了我的分析后，非常高兴。经过十几年的时间，赵匡胤接连消灭了荆南、后蜀、南汉、南唐等割据政权，基本完成了统一大业。

我当了九年宰相，可以说是一人之下，万人之上。慢慢地，我变得骄傲起来。赵匡胤非常不满，开宝六年（973年），他撤了我的宰相职务。

宋太宗赵光义即位后，我又被任命为宰相。淳化三年（992年），我由于年老多病，三次上书请求告老还乡。太宗同意了，并写诗为我送行，令我十分感动。

智慧分 82

该生读书不多，但足智多谋，随机应变能力非常人可比。他的谋略用于乱世，钩心斗角、逞强斗狠，非常奏效；对付起那些胸无点墨的武夫、藩镇来，也绰绰有余。但要正儿八经地治理国家，就显得"心有余而智不足"了。

修养分 78

该生刚毅果断,敢于犯颜直谏,向皇帝提出正确的建议,避免了皇帝感情用事、滥杀无辜。他还重视人才,提拔、任用和保护了许多优秀官吏。但是,他为了能够再次当宰相,竟然帮着太宗陷害秦王赵廷美,堪称人生一大败笔。

能力分 83

该生是一个有远见卓识的人,他所制定的国策,对于结束长期动乱、实现中原统一是有贡献的,但也产生了严重的消极后果,形成了国力衰弱的局面。另外,他反对收复幽云十六州,为后来的宋辽战争埋下了严重隐患。

综合得分 $(82 + 78 + 83) \div 3 = 81$

对于闲话

我是卢多逊,赵普的政敌。

我一向不服赵普,他大字不识一箩筐,凭什么当宰相?治国安邦需要的还是读书人。

乾德五年,赵匡胤和我们几个大臣谈起年号,对"乾德"这个年号相当满意,赵普跟着拍马屁。我等他说完,不动声色地说了一句:"可惜,'乾德'是伪蜀用过

的年号。"

太祖十分恼怒，拿起御笔，蘸饱了黑墨，在赵普脸上一阵乱写乱画，弄得他满脸满身都是墨汁。太祖一边涂，还一边骂："你身为宰相，不学无术，怎么比得上卢多逊？"

听了这话，我心里那个舒坦劲儿，就别提了。

> 赵普因为读书不多，闹出了大笑话，差点连宰相的位置都丢了。但他却没有自暴自弃，而是抓紧时间读书学习。这种知耻后勇的精神非常值得我们每个人学习。一个人有了缺点没关系，关键是要通过自己的努力改正缺点，这才是最重要的。
> ——何圆圆

趣闻大播报

赵普每次遇到什么难以处理的国家大事，回家以后就把自己关到书房里，有时一天也不出门。可是到了第二天上朝，他就变得胸有成竹，对答如流。

家人就很奇怪，趁他不在家的时候溜进书房去看，只发现了一部《论语》。

后来，太宗听说了这件事，就问他："《论语》是儿童们常读的书，你怎么还在读？"

丞相大人的试卷

赵普说："我平生所知道的道理，没有离开过《论语》，齐家、治国、平天下全凭这本书。过去我用半部《论语》辅佐太祖取得了天下，现在要用另外半部《论语》辅佐陛下治理天下，使天下太平。"

后来，赵普死后，家人打开他的书箱，里面果真只有一部《论语》。

> 除了《论语》，我还喜欢看这本书。

26 寇 准

姓名	寇准	性别	男	年级	（北）宋	学号	0702

生卒年 961年—1023年　　原籍 华州下邽（今陕西省渭南市）

绰号 无第宰相 寇老西儿

名臣自述

我出身于书香门第，老爸寇湘的学问非常好，不过在我出生后不久他就去世了。我没有辜负母亲的期望，十九岁就考中进士，做了一名知县。

由于我工作努力，政绩突出，官职步步高升。有一次上朝的时候，官员们商讨与契丹的关系问题，大部分主张议和，而我坚决反对。太宗听了我的分析后，对我非常器重。从那以后，太宗在处理重大事情的时候，经常征询我的意见，我也毫不隐瞒自己的观点，直言相告。

我的上司张逊和我关系不好，就派人诬陷我，想把我排挤出朝廷。我很气愤，当着太宗的面和他争辩起来。太宗觉得这样有失体面，一气之下把我们两个都贬官了。

淳化五年（994年），太宗把我召回京城，提拔我当了副宰相。两年后，我的政敌冯拯指责我荐人不当。我又犯了老毛病，和他在朝堂上吵了起来。太宗很恼火，又把我贬出了京城。

宋真宗赵恒即位后，同时任命我和毕士安为宰相。我们两个志同道合，性格互补，合作得很好。我多次遭到小人的陷害，多亏毕士安帮我化解。

景德元年（1004年），辽国进犯中原，直接威胁京城东京（今河南省开封市）。我坚决反对王钦若的逃跑主张，力劝真宗御驾亲征。

好玩的历史

真宗勉强到了澶（chán）州（今河南省濮阳市），在城楼上召见各部将领。宋军将士得知皇帝到了，士气大振。两军相持十多天后，辽国大将萧挞览被宋军射死。辽军士气受挫，提出议和。我坚决反对，但真宗倾向于议和。我被迫放弃了主战的主张。于是，在妥协派的策划下，宋辽双方订立了"澶渊之盟"。

宋辽边境平静下来以后，真宗对我更加信任。但我却遭到王钦若的忌妒，他离间真宗和我的关系，我再次被撤职。在那之后的十几年里，我一直受到小人的排挤、打击。

智慧分 78

该生天分极高，聪明好学，十四五岁时就对《春秋》《左传》《公羊传》和《谷梁传》理解得很透彻，学到了许多知识和道理。他为人豪爽、刚正不阿、疾恶如仇，但也比较冲动，容易意气用事。在与政敌的较量中胜算不多、屡屡吃亏。

修养分 82

该生为官四十多年，清廉正直，终生不攒钱财，不置田园，被誉为"无第宰相"。他还是一位才华横溢的诗人，七岁登华山时就留下了"只有天在上，更无山与齐。举头红日近，俯首白云低"的诗句。

能力分 78.5

该生是国家的栋梁之材，始终坚持正义，批评时弊，常常犯颜进谏。当国家到了危险时刻，他敢于挺身而出，以超群的智慧和卓越的胆识挽救国家于危难。但他的性格过于刚直，容易树敌。

综合得分 $(78+82+78.5)\div 3 = 79.5$

对手闲话

我是丁谓，多才多艺，并且绝顶聪明。寇准算得上是我的大恩人，是他举荐我当副宰相的，所以我对他十分恭敬。在我看来，以他的威望和我的机灵劲儿，我们两人合作，没什么办不了的事。可是后来发生了一件事，让我颜面扫地。

那天，大臣们在一起参加宴会，他的胡须沾上了汤汁，我赶紧过去为他擦掉。可他却当众讥讽我："你是国家大臣，怎么能屈尊为别人擦胡须呢？"

他这么当众羞辱我，我岂能饶过他？别看他寇准本事挺大，但也有一个致命的弱点，就是直来直去，不会保护自己。后来，我略施小计，就把他收拾了。

他到死也没有明白一个道理："宁得罪君子，勿得罪小人。"而我，就是一个地地道道的小人。

好玩的历史

> 寇准参加科举考试的时候只有十九岁。有人听说宋太宗对年轻人抱有偏见,就劝寇准多报几岁年龄,增加录取的机会。寇准觉得这样不诚实,拒绝了这个提议。
>
> 我们也应该像寇准一样,做一个诚实的人。
>
> ——林子奇

趣闻大播报

寇准父亲早亡,家境清贫,全靠母亲和用人刘妈纺线织布度日。他的母亲经常一边纺线一边教寇准读书,教育他苦学成才。后来,寇准考中进士。他的母亲身患重病,临终时把亲手画的一幅画交给刘妈,说:"寇准日后必定做大官,如果他有错处,你就把这幅画给他!"

等寇准做了宰相以后,生活上变得奢侈起来。有一年,他为了庆贺自己的生日,请来了两个戏班,准备宴请群僚。刘妈觉得这样挥霍,和寇母的意愿相违背,就把那幅画拿出来,交给了寇准。

寇准展开一看,是一幅《寒窗课子图》,上面还写着一首诗:"孤灯课读苦含辛,望尔修身为万民;勤俭家风慈母训,他年富贵莫忘贫。"

寇准看后,不觉泪如泉涌,立即叫人撤去了寿筵。

27 王安石

姓名 王安石	**性别** 男	**年级** （北）宋	**学号** 0703
生卒年 1021年—1086年		**原籍** 抚州临川（今江西省抚州市）	
名言 不畏浮云遮望眼，自缘身在最高层。			

名臣自述

我从小就很聪明，诸子百家、诗词歌赋样样精通，经常受到老师的表扬。我的父亲先后在多个地方做官，我也跟着去了不少地方，增长了阅历和见识。我对最底层的百姓很同情，决心长大以后，一定为他们做些事情。

我当地方官的时候，为百姓做了些实事好事。我组织百姓兴修水利工程，改善了农田灌溉的条件。我还在青黄不接的季节，以很低的利息把粮食借给贫苦农民，等他们秋收以后归还新粮，不仅使百姓免受高利贷的盘剥，而且还为国家增加了一部分收入，一举两得。这是我第一次进行改革的尝

好玩的历史

试,很成功,从此我坚定了改革变法的决心。

调入京城后,我给仁宗写了一封信,陈述了自己对变法改革的一些看法,但没有得到仁宗的重视和采纳。神宗即位后,立志改革,起用我主持变法。为了变法顺利实施,我挑选了一批拥护变法的官员参与制定新法,开始在全国范围内推行新法,拉开了大规模变法的序幕。

这次变法涉及面很广,包括政治、经济、军事、人才选拔等各个方面,有保甲法、青苗法、方田均税法、农田水利法、将兵法,等等。变法很快取得了效果,国家收入大大增加,军队战斗力大大提高,收复了很多失地。

我的变法得到百姓的拥护,却惹恼了富人。很多商人、地主和权贵联合起来反对变法。反对的话听得多了,神宗也开始动摇起来。熙宁七年(1074年),多个地方发生旱灾,百姓到处逃荒要饭。有人趁机散布谣言,说我的变法触犯了天上的神灵,所以才带来了这样的灾难。神宗听了这些话以后,渐渐挺不住了,把我的宰相职务撤了。虽然一年后我又官复原职,但反对变法的人越来越多,特别是神宗也不像以前那样信任我、支持我了。我心灰意冷,再加上儿子生病死了,心里非常难过,就辞掉了宰相职务。

过了几年,司马光当上宰相,把新法全部废除了。

智慧分 99

该生从小就是个聪明孩子,记忆力超强,写得一手好文章。当官以后,注重从实践中积累经验,为后来变法打下了很好的基础。他提出的一些理念很有进步性,也充分体现出他过人的勇气和智慧。

修养分 94

该生具有坚强的意志和强烈的社会责任感，敢作敢当，对变法事业矢志不渝。他在文学方面有很深的造诣，散文和诗歌都很有名，是"唐宋八大家"之一。不过，他不太注重仪表，整天邋里邋遢，头发和胡子乱糟糟的，不修边幅。

能力分 98

该生的变法措施具有进步性，有些方面和现代的做法很接近。当然，变法最终失败他也有责任，比如宣传力度不够、推行新法的人才缺乏、自己的性格偏执等。尽管如此，他仍是"中国十一世纪伟大的改革家"（列宁语）。

综合得分

$(99 + 94 + 98) \div 3 = 97$

上司闲话

我是宋神宗，当皇帝的时候二十岁，很想干一番大事业。我对王安石的变法主张非常欣赏，就全权委托他实行变法。当时反对变法的人很多，但我坚决支持王安石，为他扫清了一切障碍。

好玩的历史

可是在变法的过程中，王安石出现了一些失误，反对的人越来越多，甚至连我的老婆、妈妈和奶奶也坚决反对。我承受不了这么大的压力，心里犹豫起来。王安石见我的态度不像以前那么坚决，就心灰意冷，离开了朝廷。

我知道他的变法是对的，但我在中间受夹板气也实在没有办法。王安石走了以后，我没有废除他的新法，只不过做了一些改变，又坚持了十年。后来，司马光完全废除了新法，王安石和我的心血都白费了，太可惜啦！

> 王安石这个人很有本事，但也有一个缺点，就是听不进别人的意见。如果他能虚心听取司马光和苏东坡的意见，对变法措施加以改进完善，结局不会这么悲惨。我们要吸取教训，虚心接受老师和同学对自己的批评教育。
>
> ——林子奇

趣闻大播报

小时候，王安石听说唐代大诗人李白有一支生花妙笔，用这支笔写诗，才思横溢。他很羡慕，就问老师哪里有这种生花笔。

他的老师拿来一大捆毛笔，对王安石说："这里面就有一支是生花笔，但究竟哪一支是，我也不知道。"

王安石问道："有什么办法能找到这支生花笔呢？"

老师说："你用每支笔去写文章，写秃一支再换一支。这样一直写下去，一定能找到生花笔。除此之外，没有别的好办法。"

其中有一支"生花笔"。

忽悠谁呢？我傻啊！

　　从那以后，王安石按照老师的教导，每天刻苦读书，勤练文章，直到那一捆毛笔还剩下一支。

　　一天晚上，他提起最后那支毛笔写一篇《策论》，突然觉得文思泉涌，行笔如云，一篇见解独到的《策论》一挥而就。

　　他高兴得跳了起来，大喊："找到了，找到了，我找到生花笔了！"

28 司马光

| 姓名 | 司马光 | 性别 | 男 | 年级 | （北）宋 | 学号 | 0704 |

生卒年　1019年—1086年　　原籍　陕州夏县（今山西省夏县）

名言　由俭入奢易，由奢入俭难。　　名作　《资治通鉴》

名臣自述

我的家世非常显赫，先祖是西晋皇族司马孚。在我出生的时候，父亲正担任光州光山（今河南省光山县）县令，于是就给我取名"光"，同时也有希望我长大后事业有成、光宗耀祖的意思。

父亲对我管教很严，我也很争气，读书非常勤奋。我睡觉的时候用一段圆木当枕头，只要木枕一滚动，我就会从熟睡中醒过来，立刻起床，继续读书。由于我刻苦好学，我十五岁的时候就写得一手好文章。二十岁时，我考中进士，开始担任地方官。

在宰相庞籍的推荐下，我调到了京城。后来，庞籍被别人陷害，贬到外地当官。我非常感激庞籍的帮助,也跟着他一起去,直到庞籍死后才回京城。

神宗即位以后,任用王安石实行变法。王安石提出一套激进、大胆的改革方案,在全国上下掀起了一股改革的热潮。我和王安石本来是很好的朋友,也主张改革,但在如何改革方面却存在严重的分歧。比如,在如何解决财政困难的问题上,王安石主张提高税收,增加朝廷收入,而我主张节省朝廷开支,因为我觉得增加税收就是侵夺百姓财富,造成民穷国富。由于意见不统一,我和王安石到了水火不容的地步。

后来,我主动辞职,到西京(今河南省洛阳市)担任一个闲职。从那以后,我不问政事,悉心研究藏书,决心编撰一部简明扼要的史书,便于人们掌握历史发展的规律。元丰七年(1084年),史书终于完稿,神宗看过之后,起名为《资治通鉴》,意思是:"鉴于往事,资于治道",即把历史的得失作为鉴戒来加强统治。

宋哲宗即位后,我被任命为宰相。尽管我已经六十七岁了,疾病缠身,但仍旧兢兢业业、日夜操劳。在生命的最后这段日子里,我果断地废除了"伤民害国"的新法。

智慧分 93

该生从小聪明颖悟,活泼机灵,"司马光砸缸"的故事流传久远,是教育孩子的绝好教材。他有很高的文学和史学修养,历时十九年编撰而成的《资治通鉴》,是中国第一部编年体通史,在中国官修史书中占有重要的地位。

好玩的历史

修养分 90

该生为官清廉，生活俭朴，"食不敢常有肉，衣不敢有纯帛"；他为人温和谦虚，豁达大度，但刚直不阿，抨击奸恶毫不留情。

能力分 90

该生是著名的政治家、文学家和史学家。他主张"祖宗之法不可变"，政治思想比较保守，曾极力反对王安石变法。但他学术成就很高，在文学、经学、哲学乃至医学方面都进行过钻研和著述，尤其是《资治通鉴》，是历代帝王将相争相阅读的名著。

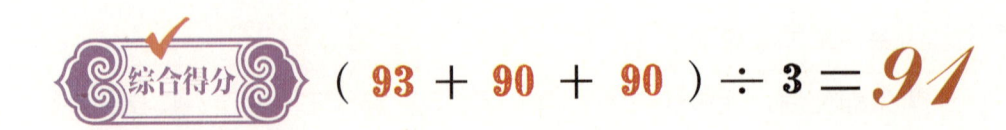

综合得分 （93 + 90 + 90）÷ 3 = *91*

对手闲话

我是王安石，和司马光曾经是好友，但后来却变成了你死我活的对手。

司马光比我大两岁，比我早四年考中进士。我们曾经是同事，也是相互倾慕的好朋友。在变法的问题上，我们的立场是一致的，都主张变法。但在具体变法过程中，我的主张过于激进，司马光不能接受；他的主张过于保守，我也不能接受。他曾经给我写过三封长信，要求我废弃新法；我也写过一篇《答司马谏议书》，对他的指责进行反驳。我们俩都是性格执拗的人，谁也说服不了谁，结果变成了冤家对头。

现在想想，司马光的主张也不是完全没有道理。如果我们两个都能取长补短，制定出一套更好的变法方案，也许国家就不会在四十一年后灭亡了。

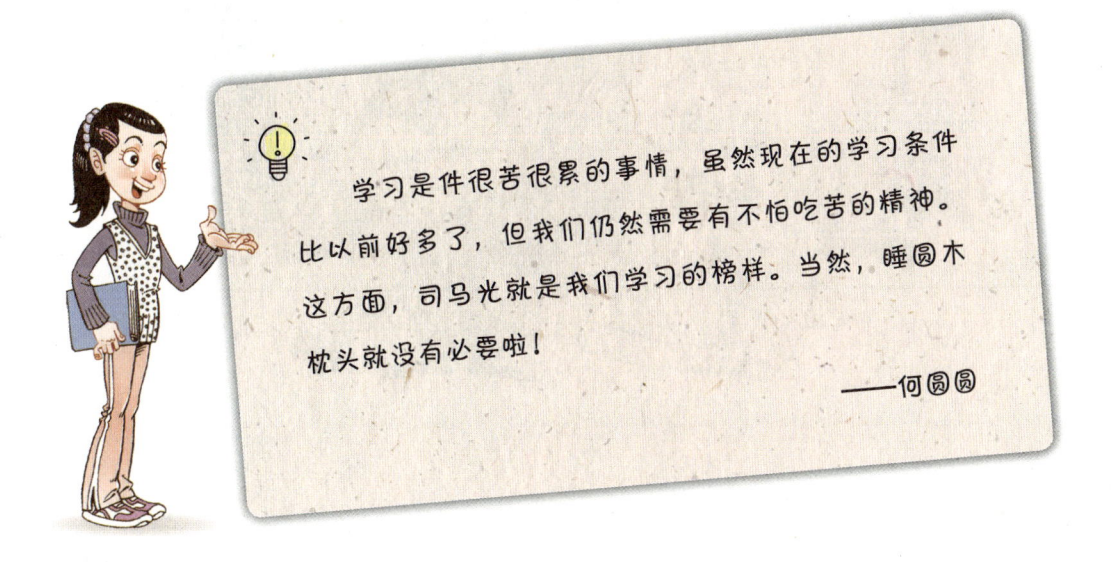

> 学习是件很苦很累的事情，虽然现在的学习条件比以前好多了，但我们仍然需要有不怕吃苦的精神。这方面，司马光就是我们学习的榜样。当然，睡圆木枕头就没有必要啦！
>
> ——何圆圆

司马光六岁的时候，一次想吃青胡桃，但胡桃皮太硬，他剥不开。

他家的一个丫鬟把青胡桃用开水一烫，胡桃皮很容易就剥开了。司马光拿出桃仁吃，非常高兴。

他的哥哥看见剥开的桃皮，很惊讶，问司马光是谁剥的。司马光随口说："是我剥的。"

他的话音刚落，就听见父亲大声地训斥道："小孩子怎么能撒谎呢？"

原来，刚才丫鬟烫胡桃的情景，父亲已经看到了。司马光满脸通红，低

着头，非常惭愧。

父亲走过来，摸着他的头说："诚实，是做人的根本。我们以诚待人，才能取信于人。"

29 文天祥

姓名	文天祥	**性别** 男		**年级** （南）宋		**学号** 0705
生卒年	1236 年—1283 年			**原籍** 吉州庐陵（今江西省吉安市）		
名言	人生自古谁无死，留取丹心照汗青。					

名臣自述

我生活的时代，是国家危亡的时代，是异族入侵的时代。

我爸爸很有学问，也很爱国，经常给我讲历史上的英雄人物，教育我长大以后解救国家危难。因此，在我幼小的心灵里，早早地埋下了一颗爱国的种子。

二十一岁那年，我参加科举考试，以优异的成绩取得了第一名。不久，蒙古向南宋发动进攻，宦官董宋臣主张迁都。对于这种逃跑主张，很多人心里不满，但没有一个人敢公开站出来反对。我挺身而出，给皇帝写了一封信，坚决主张杀掉董宋臣，并提出四项建议，抗蒙救国。但是理宗皇帝没有

采纳我的建议。

　　1275年，元军再一次大举进攻南宋。许多将领贪生怕死，不是逃跑就是投降。在这危急时刻，我再一次挺身而出，变卖家产，组织了一支勤王军，投入保家卫国的抗元斗争中。

　　就在元军把京城临安团团围住时，我率军及时赶到了。我很想和元军决一死战，但朝廷根本没有抵抗的打算。我被任命为宰相，代表朝廷去和元军谈判。

　　在谈判的时候，我大声斥骂元军的强盗行径，要求他们退兵，作为正式谈判的条件。元军主将伯颜见我态度强硬，就把我扣留了。伯颜想劝我投降，但我宁死不降。他没有办法，派人把我押往大都（今北京市）。

　　当押送我的人在镇江停留的时候，我趁他们不注意，驾着一只小船逃了出来。一路上我历尽艰辛，九死一生，历经两个月才来到福州。我集合逃散的老部下，又招募了许多新军，继续打击元军。在随后八年的斗争中，我虽然打了一些胜仗，但由于兵力悬殊，寡不敌众，最后还是被元军抓住了。

战场上的较量，我是失败了，但新一轮的较量又开始了。我被押回大都后，元世祖忽必烈不断派各种人前来劝降，都被我骂了回去。忽必烈见来软的不行，就来硬的。他们给我戴上重重的刑具，关在土牢里。

土牢破陋不堪，阴暗潮湿，叫人无法忍受。但我没有屈服，用诗歌作为武器，继续同侵略者作斗争。其中传诵最广的要数《正气歌》。

智慧分 92

该生天资聪颖，学习成绩优异。参加殿试的时候，他看到题目后，略加思考，连草稿也没打，一挥而就，被宋理宗取为第一名。另外，他还爱好下象棋，而且棋艺极高，据说他是中国有史实记载的最早下盲棋的人，可以算作盲棋的开山鼻祖。

修养分 100

该生是一个永远载入史册的民族英雄，他所表现出的百折不挠的英雄气概和宁死不屈的民族气节，是中华民族的宝贵精神遗产。他还是一位著名的爱国诗人，留下了《过零丁洋》《正气歌》等爱国主义诗篇，"人生自古谁无死，留取丹心照汗青"已经成为一种民族精神的象征。

好玩的历史

能力分 88.5

> 该生二十岁的时候，就提出了一套完整的改革主张，表现出卓越的政治才能。可惜他的仕途坎坷多难，一直没有施展抱负的机会。当国家到了最危险的时刻，他又弃文从武，成为一名征战沙场的军事统帅，同样表现出不俗的军事才华。可惜大势已去，无力回天，他注定是一个悲剧英雄。

综合得分 $(92+100+88.5) \div 3 = 93.5$

对手闲话

我是元世祖忽必烈。在战场上，我赢了文天祥，但在精神上我却输给了他。

我是个爱惜人才的人，非常敬佩他的为人和才华，想让他为我所用。但是，我多次派人劝他投降，都遭到了拒绝。我很为难，放了他吧，等于放虎归山；杀了他吧，又舍不得。最后，我亲自出面劝降。

我对他说，如果投降，就请他出任元朝的宰相。可他说："我是宋朝的状元宰相，坚决不事二主。国家已经灭亡了，除了死，我什么也不要！"我见他这么坚决，只好下令处死他。

第二天，文天祥死了。我的心里好像失去了什么，空落落的。

丞相大人的试卷

> 我们每个人都要爱自己的祖国,不能做对不起国家的事。让我们像文天祥一样,从现在做起,从我做起,从每一件小事做起,为了祖国的繁荣富强而好好学习吧!
>
> ——何圆圆

趣闻大播报

这个故事发生在文天祥小时候。有一次,父亲带他去侯城书院。一进大门,文天祥就看见对面的墙上挂着几幅人物画像。

文天祥指着一幅画像,好奇地问:"这个人是谁呀?"

父亲回答:"欧阳修。"

文天祥兴奋地说:"我知道他。我读过他的文章,那篇《醉翁亭记》写得好极了!"

父亲又指向另外一幅画像说:"这个人叫杨邦乂(yì)。他被金兵俘虏后,坚贞不屈、宁死不降,被残忍地杀害了。"

文天祥咬紧嘴唇,眼睛里喷射出愤怒的光芒。这些忠烈之士能做到的,我也一定要做到。文天祥暗暗发誓:如果我死后不能和他们一样受人尊敬,就不叫大丈夫!

为了表达这种决心,他从附近的山坡上找来几棵柏树苗,栽在书院门前。后来,这几棵柏树不仅全活了,而且长得格外苍翠。

30 耶律楚材

姓名 耶律楚材　　**性别** 男　　**年级** 元　　**学号** 0801
生卒年 1190年—1244年　　**原籍** 义州弘政（今辽宁省义县）
名言 兴一利，不若除一害。生一事，不若减一事。

名臣自述

我是辽太祖耶律阿保机的九世孙，身体里流淌着高贵的血液。不过，我出生的时候辽国已经被金国消灭很多年了。

我从小就喜欢读书，对中原文化特别崇拜。不光下笔成文、出口成章，还精通天文、地理、历法、数学、音乐、医卜等多方面的知识。

我开始是在金朝当官。都城被蒙古军队攻破后，我隐居了起来。成吉思汗听说我是个难得的人才，就派人去请我。我觉得这是一个建功立业的好机会，就跟着去了。

丞相大人的试卷

见面以后，成吉思汗说："你是辽国的后代，和金国有仇。我帮你报仇，怎么样？"我说："从我爷爷开始，我们就是金国人了。既然做了臣子，怎么还敢和君主为仇呢？"成吉思汗对我的回答非常满意，觉得我讲信义，值得信任。于是，他把我留在身边。成吉思汗从来不喊我的名字，而是亲热地叫我"长胡子"。

后来，我跟随成吉思汗一路西征。因为我会占卜，成吉思汗经常让我预测吉凶成败。我利用这个机会，在解说卦辞的时候对军政大事发表看法，预言常常能够应验。成吉思汗觉得我是个神人，对我更加器重。他常对儿子窝阔台说："耶律楚材是老天爷赐给我们的，以后有什么军国大事就委托他来处理。"

成吉思汗死后，他的四儿子拖雷代理国政，两年后窝阔台继承汗位。

当时蒙古国虽然有贵贱尊卑之分，但没有严格的君臣之别。我精心设计好登基的礼仪，劝说窝阔台的哥哥察合台带头行跪拜礼。从此，蒙古国形成了尊卑有序的习惯。

从那以后，窝阔台对我更加信任，让我当上了宰相。在攻打一座大城市的时候，因为遭到守军的拼命抵抗，窝阔台准备杀光全城的百姓。我及时劝阻他，挽救了全城一百四十七万人的性命。从那以后，蒙古军队屠城的事渐渐减少了。

智慧分 82.5

该生精通各种三教九流的知识，是个典型的"百事通"。并且他能活学活用，运用到工作实际当中，帮助一个野蛮的民族逐渐走向文明世界，不容易啊。

好玩的历史

修养分 85

该生多才多艺，在文化艺术方面有卓越的修养。他酷爱诗歌，写过不少诗，流传下来的作品收录在《湛然居士文集》里。他还具有高深的天文历法知识，主持修订了《大明历》。

能力分 83

该生在成吉思汗、窝阔台两朝为官将近三十年，为蒙古走向文明付出了毕生精力。特别是在窝阔台汗时期，他参与议论军国大事，制定君臣礼仪，恢复科举取士，使蒙古的政治、经济、文化都向前跨越了一大步，迅速实现了国富民强。他坚决反对战争中的残暴行为，使古老的中原文明得到保留。这是他对后世的最大贡献。

综合得分

$(82.5 + 85 + 83) \div 3 = 83.5$

妻子闲话

我是乃马真皇后，窝阔台汗的妻子。

窝阔台死了以后，我没有按照他的遗嘱去办，而是把权力牢牢地抓在了自己手里。耶律楚材不同意我这么做，总是和我作对，违抗我的旨意。我很生气，有时候真想杀了他。可我不敢，因为治理国家离不开他。

耶律楚材为了国家能够保持稳定，虽然不赞成我的做法，但还是一心一意地帮我，使国家避免了一场场动乱。

他死了以后，我也很难过，毕竟像耶律楚材这种大公无私的人才太难得了。

> 咱们中国有句古话，叫"士为知己者死"，意思是甘心为信任自己的人做任何事情。成吉思汗和窝阔台把耶律楚材当作知心朋友来对待，才得到了耶律楚材的无私帮助。
>
> 我们对待朋友也应该以诚相待，只有这样才能不断取得进步。
>
> ——林子奇

窝阔台非常喜欢喝酒，经常喝得酩酊大醉。耶律楚材劝他不要酗酒，但窝阔台总是改不了。

有一次，耶律楚材也喝醉了，躺在车里睡着了。窝阔台听说以后，赶到耶律楚材的大营，登上车，用力摇晃烂醉如泥的耶律楚材。耶律楚材被摇醒后，一睁眼，看见大汗站在旁边，顿时吓得酒醒了几分，站起来向窝阔台请罪。

窝阔台笑着说:"你有好酒却自己喝,为什么不和我一起喝呢?"说完就走了。

耶律楚材来不及整理好衣服,马上赶到窝阔台的行宫,说要和大汗喝酒。窝阔台很高兴,命人摆上酒宴。两个人边喝边聊,十分尽兴。

31 刘 基

| 姓名 | 刘基 | 性别 | 男 | 年级 | 明 | 学号 | 0901 |

生卒年 1311 年—1375 年　　**原籍** 浙江青田（今浙江省文成县）

名言 邦无道，富加贵，耻也！

名臣自述

　　我叫刘基，字伯温，在民间，我简直就是个"前知五百年、后知五百年"的神仙。其实，这只是传说，不可信。

　　我从小就是个聪明孩子，考中进士以后，希望通过做官来实现自己的远大理想。后来，我举报一个失职的官吏，非但没得到同事的支持，还遭到恐吓，就失望地辞职回到了青田老家。

　　当时，全国各地的义军风起云涌，元朝的统治已经摇摇欲坠。经过一番分析，我逐渐认识到元朝灭亡、改朝换代已是板上钉钉的事了。

好玩的历史

元至正二十年（1360年），义军统师朱元璋攻占应天（今江苏省南京市）后，两次聘请我出山。我早就打听过朱元璋，知道他是一个很有作为的人，所以决定出山帮助他打天下。

我针对当时的形势，向朱元璋提出"时务十八策"，也就是十八条建议。他看了以后，非常高兴，把我留在身边，帮他出谋划策，我成为他手下的第一谋士。我忠心耿耿地为朱元璋出力，为他制定了"先灭陈友谅，再灭张士诚，然后北取中原，统一天下"的战略方针。朱元璋按照我给他定下的战略、战术行事，大获成功。

1368年，朱元璋在南京当皇帝，正式建立了明朝。我作为开国元勋之一，被封为诚意伯。虽然我的事业达到了最辉煌的鼎盛时期，但我很明白"伴君如伴虎"的道理，因此主动辞去一切职务，回到青田老家隐居了起来。

但我的名声实在太大了，就是啥都不干也避免不了政敌的忌妒和皇帝的猜疑。我的政敌胡惟庸当上丞相后，诬告我图谋不轨。早就对我不放心的朱元璋听说以后，虽然没有杀我，却把我的工资待遇都取消了。

智慧分 93

该生天资聪明，小时候跟着老师学习《春秋》，默读两遍就能背诵如流，而且还能发表自己的独到见解，使老师非常惊讶。凭着这股聪明劲儿，学什么学不好呢？他神机妙算，胸有韬略，被后人称作和诸葛亮不相上下的一代智慧大师。另外，他还懂得功成身退的道理，这是非常了不起的。

修养分 90

该生不光是个谋略家，而且还是个文学家，和宋濂、高启并称为"明初诗文三大家"，有《诚意伯文集》流传后世。他淡泊名利，隐居青田老家后，只和几个知己的朋友下棋饮酒，闭口不谈自己的功劳，穿着打扮就跟乡下老农一样。

能力分 90

身为朱元璋的第一谋士，该生在每一次战役中都出谋划策，使实力较弱的朱元璋在打仗过程中迅速壮大，最终推翻元朝，建立了大明王朝。同时，他还在军政、财务等各方面为新王朝建立了完备的制度，开创了明初的第一个盛世。

综合得分 $(93+90+90)÷3=91$

我是明太祖朱元璋，对刘基我是既放心又担心。当初打天下的时候，我十分信任他、尊重他，专门修建"礼贤馆"供他居住，还经常对别人说："他是我的张子房（张良）。"等当上皇帝以后，尽管刘伯温辞官回家了，我还是心里直打鼓。他的本事实在太大了，如果他想谋反，我的宝座岂不是非常危险？所以，当胡惟庸告发他

好玩的历史

的时候，虽然我半信半疑，但没有制止胡惟庸陷害他的做法。等到胡惟庸谋反被杀以后，我才明白自己错了。我特许刘伯温的后代都能承袭爵位，这也算是一种补偿吧。

> 李善长一直嫉妒刘基的本事。有一次，李善长犯了错误，朱元璋想撤他的官。刘基劝朱元璋，不能因为李善长犯了小错就舍弃了这个人才。李善长听说后，非常感激刘基，两个人重归于好。我们要学习刘基这种宽容的态度，不能因为别人犯了一点错误就一棒子打死，应该给人一个改正的机会。
> ——何圆圆

趣闻大播报

朱元璋当了皇帝以后，经常找大臣陪他下棋。如果大臣输了，他就以欺君之罪杀掉；如果大臣赢了，他就以谋反的罪名杀掉。总之一句话，不管是输还是赢，都是死路一条。

这一天，朱元璋召刘基进宫下棋。刘基胸有成竹地来到了皇宫。两个人在棋盘前坐下后，朱元璋执黑棋先走，刘基执白棋应对。

下到一半，朱元璋感到越来越吃力。一看黑棋被白棋分割成十几块孤棋，已经没有赢的可能了，朱元璋不禁大怒："你知道赢我是什么后果吗？"

刘基不慌不忙地说："请皇上息怒。臣只是一心下棋，并没有想赢皇上。请皇上看白棋是不是两个字？"

朱元璋仔细一看，白棋真的摆成了两个字："万岁"。他很高兴，不仅没有杀刘基，还准许刘基告老还乡，安度晚年。

32 张居正

姓名 张居正	**性别** 男　　**年级** 明　　**学号** 0902
生卒年 1525年—1582年	**原籍** 湖广江陵（今湖北省荆州市）
名言 君子处其实，不处其华；治其内，不治其外。	

名臣自述

我从小就很聪明，十二岁就以第一名的成绩考中了秀才，获得"神童"这一荣誉称号。二十三岁就考中进士，开始进入官场。

在当时的形势下，我觉得国家只有改革才有出路。我写了《论时政疏》，详细阐述自己改革政治的主张，但没有被采纳。万历皇帝即位后，我成为首席大学士，也就是宰相。

当时万历皇帝只有十岁。为了让他成为一个好皇帝，我亲自当他的老师。万历皇帝进步很快，时间不长就明白了很多治国的道理和策略。他对我很信任，一切大事都由我拍板。我看条件成熟了，就放开手脚开始改革。

丞相大人的试卷

我首先从整顿边防入手，提拔任用了一大批智勇双全的将领，使北方的蒙古不敢进犯。同时，积极改善和蒙古的关系，促进了双方的友好往来。

北部边防巩固以后，我又把注意力转向了国内，实行了"考成法"，主要内容是把官员应该办理的事情设定完成期限，分别登记在三个账本上，每月进行检查，完成一件注销一件，完不成的必须讲明理由。监察部门根据账本上的登记，每半年检查一次执行情况。我根据账本上的登记，随时进行查实。这样一级对一级负责，根据检查结果对官员进行奖励或惩罚，提高了官员的办事效率，贪污腐败现象也明显减少了。

我改革的最终目的还是"富国强兵"。针对当时赋税繁杂沉重、官员容易作弊贪污的现象，我实行了"一条鞭法"。"一条鞭法"就是把各种赋税和劳役结合起来，根据每家每户拥有土地的实际情况，把所有的赋、役折成

银两分摊在田亩里边。

我的改革虽然取得了重大胜利,但也得罪了很多人。我的父亲去世后,按照规定应该回家守丧三年。但万历皇帝很多事情离不开我,就宣布"夺情",不让我回去守丧。这下我的仇人们总算找到借口了,纷纷指责我没有圣贤之德,不配当宰相。令我没有想到的是,我的一些学生竟然也加入了攻击我的行列。

难道我真的做错了吗?

智慧分 93

该生的智商很高,再加上自身努力,所以很小就被称为"神童",是许多家长给孩子树立的榜样。他深谋远虑、忍辱负重,在严嵩专权的不利形势下,较好地保全了自己。等成为宰相后,他卓越的政治才能和管理智慧终于得以充分展现,成为一代"宰相之杰"。

修养分 88

该生具有强烈的改革意识和远大的政治理想,处事果断、雷厉风行,工作效率很高。他常常废寝忘食地工作,为了改革大业不惜顶着"不孝"的骂名,是个顾全大局的人。但他性情刚烈、秉性耿直,对下级要求太严,犯错之后轻则责骂、重则撤职,工作方法简单粗暴。

能力分 98

> 该生推行新政，沿着先由军事、政治着手，逐渐向经济方面推广的思路，循序渐进，取得了很大成就。他推行的一条鞭法对后世产生了深远影响，考成法至今仍在运用。他执政十年，是明朝中期最耀眼的一颗明星。

综合得分 （93 ＋ 88 ＋ 98）÷ 3 ＝ **93**

上司闲话

我是万历皇帝，张居正的学生。

我刚当皇帝的时候，才十岁，什么也不懂。张老师为了教育我，可以说费尽了心思。我的学习成绩进步很快，但我知道，这都是他逼出来的。

他对我要求太严了，一点小错都不放过，不给我这个皇帝一点面子。我从心底里怕他，只好对他所做的一切都举双手赞成。

我长大后，他还拿以前那套方法对我，我就非常厌烦了，产生了严重的逆反心理。所以，他死以后，在别人的挑唆下，我展开了疯狂的报复行动，查抄了他的家产，把他的子孙发配充军，差点儿把他的尸体从棺材里拉出来砍头。

好玩的历史

> 我从小养成了一个坏习惯,就是办事拖拉,写作业磨磨蹭蹭,能拖就拖。我以后要向张居正学习,今天的事情决不拖到明天去做,提高学习效率。
>
> ——何圆圆

趣闻大播报

张居正小时候叫张白圭(guī),非常聪明,被人称作"江陵神童"。

十二岁那年,他到荆州府参加考试。荆州知府李士翱(áo)早就听说过他,想考考他,就指着书院里的两棵高大的古树,念出上联:"大文庙,两棵树,顶天立地。"

张白圭不假思索,对出下联:"小学生,一支笔,治国安邦。"

李士翱一听,连声叫好。等发榜的时候,张白圭果然以第一名的成绩考中了秀才。

湖广巡抚顾应璘(lín)听说江陵出了一个神童,特地赶到荆州府寻访张白圭,并出了一联:"雏凤学飞,万里风云从此始。"

张白圭脱口而出:"潜龙奋起,九天雷雨及时来。"

顾应璘觉得他才华出众,很有抱负,就替他改名为张居正,希望他以后能秉公居正,做个百姓爱戴的好官。

33 徐光启

姓名 徐光启	**性别** 男	**年级** 明	**学号** 0903
生卒年 1562年—1633年		**原籍** 松江府上海县（今上海市）	
绰号 科学宰相	**名言** 苟利于国，何论东西？		

名臣自述

我是一个宰相，但更是一个科学家，我的理想就是科技救国。

很小的时候，我就常听奶奶和妈妈讲述家乡遭受倭寇（元末到明中叶多次在我国沿海抢劫骚扰的日本强盗）抢掠的故事。听了以后，我非常气愤，心里埋下了爱国的种子。

有一次，老师在课堂上让同学们谈谈自己的理想。有的同学说长大了当文学家，有的同学说长大了赚大钱，还有的同学说长大了当道士，我站起来大声说长大以后要当大官，治国安邦，不让国家受到外来的欺凌。老师听

好玩的历史

了，一个劲儿地夸我有志气。

但不幸的是，自从我二十岁考中秀才之后，多次参加科举都没考中。家里本来就很穷，供我读书很困难。为了维持日常生活，我不得不当了一名教书先生，先后在很多地方任教。多年的教书生涯使我大开眼界，了解到这个世界上不光有个大明王朝，还有一个科学发达的欧洲。也就是在这时，我对农业、水利产生了浓厚的兴趣。

我在南京教书的时候，有幸结识了意大利人利玛窦。这个蓝眼睛、大胡子的传教士，具有渊博的西洋科技知识。我向利玛窦学习了许多科学知识。

四十三岁的时候，我考中了进士。从考中秀才到考中进士，我苦苦奋斗了二十三年，才梦想成真。我向朝廷提出许多改革建议，但因为受到当权派的排挤，没有被采纳。我渐渐地对政治失去了热情，开始把更多的精力投入到对西方科学技术的学习上。我和利玛窦合作翻译了《几何原本》和一些其他书籍，为中国近代数学的建立打下了基础。后来，我又完成了《农政全书》的编著。这部书号称是当时农业科学最完备的一部总结性著作。

崇祯五年（1632年），我被任命为礼部尚书兼东阁大学士，成为了一名宰相。

智慧分 90

> 该生早年学习文科，基础较好，但成才较晚。中年以后接触了理科，并对理科表现出浓厚的兴趣和与众不同的天分，后来成为一代数学家、天文学家和农学家。

修养分 85

该生是个学者型的人物，表现出卓越的科学素养。比如在编制《崇祯历书》期间，他虽然有繁忙的事务缠身，但仍旧每天挑灯夜战，孜孜不倦地从事观测、书写工作。这部书堪称中国第一部西方天文学百科全书。

能力分 77

该生在科学方面的成就巨大，《几何原本》是我国科学史上第一部系统地引进几何学的著作，他在翻译时所创立的几何学名称，如几何、点、线、面、直角、平行线等，一直沿用到今天。在军事方面，他注重科学与实际的结合，对火器的制造与使用很有研究。但作为一个宰相，徐光启在治理国家方面显得能力不够。

综合得分

$$(90 + 85 + 77) \div 3 = 84$$

朋友闲话

我是利玛窦。自从第一次和徐光启见面之后，我就觉得他对科学有着独特的见解。他很想跟我学西方的科学知识，我也很高兴教他，也很愿意和他一起做有利于中西方文化交流的事。

好玩的历史

我们两个人合作翻译了欧几里得的《几何原本》，系统地向中国人介绍了几何学知识。翻译的时候，我先用中文逐字逐句地口头翻译，徐光启再根据笔录进行推敲修改。徐光启对翻译非常认真，很多名词术语都是他反复推敲后才定下来的。他是第一个把西方科学引入中国的人，对于中国的贡献实在是太大了。作为他的朋友，我非常敬佩他。

> 徐光启从小就有理想，决心为国家强盛而努力。我们也应该像徐光启学习，树立远大志向，勤奋学习，争做对国家有用的栋梁之材。
>
> 听叔叔说，今天上海的知名的商业中心——徐家汇在几百年前叫法华汇，后来是为了纪念徐光启才改名为徐家汇的。
>
> ——林子奇

趣闻大播报

这个故事发生在徐光启小时候。

有一天，徐光启读书读累了，来到地里散心。地里的棉株已经长到了半米多高。徐光启卷起裤脚，下到地里，伸手掐掉一棵棵棉株的尖顶。

这时，正赶上父亲来施肥。他看见徐光启在摘棉尖，非常生气，喊道："光启，你在干什么？"

徐光启跑到父亲跟前，小声地问父亲为什么发火。父亲懊恼地说："你

> 有文化就是不一样啊!

为什么把棉株尖顶都摘掉了?这样,棉花不就都死了吗?"

徐光启笑着解释说:"父亲,你错怪我了。大暑过后,棉株如果再往高长,分出新的枝叶,就不会结棉桃了。摘去它顶上的冲天芯,省下的养料就会供给长出的棉桃,这样棉桃才会更加结实丰满。这是前几天我刚学到的。"

父亲一听,觉得徐光启的话有道理,就和他一起掐起了棉株的尖顶。果然,结棉花的时候,收成比往年增产了两三成。

34 范文程

| 姓名 | 范文程 | 性别 | 男 | 年级 | 清 | 学号 | 1001 |

生卒年 1597年—1666年　　原籍 辽东沈阳卫（今辽宁省沈阳市）

名言 大明骨，大清肉

名臣自述

提起我，可能知道的人不多，但我的先祖可是个响当当的人物。他就是北宋的范仲淹。

明朝初年，我的先祖因为犯罪被发配到沈阳，所以我们就成了沈阳人。

我从小就以范仲淹为榜样，决心干一番大事业。考中秀才不久，我听说清太祖努尔哈赤率军攻下了抚顺，觉得投奔他一定可以建功立业。于是，我赶到后金的军营，拜见太祖。

太祖见我气度不凡、见解独到，又听说我是北宋政治家范仲淹的后人，对我非常器重。从此以后，我就留在太祖身边，参与了一系列战役的谋划，得到了重用。

清太宗皇太极继承后金汗位后,向明朝发动猛烈进攻,和袁崇焕激战多日,不分胜负。

我向太宗献上一条反间计,使明朝崇祯皇帝怀疑袁崇焕谋反,将其杀死。太宗对我更加信任,我逐渐成为他手下的第一谋士。

皇太极的儿子福临即位后,改年号顺治。我上书摄政王多尔衮,建议清军挥师入关,问鼎中原,一统天下。

在我的建议下,多尔衮和吴三桂在山海关联手打败李自成的军队,然后乘胜攻占了北京城。为了稳定局势,我协助多尔衮实施了许多得力的措施,比如礼葬崇祯皇帝、严禁清兵抢劫,等等,有效地缓和了清朝与中原百姓的矛盾。

多尔衮权势显赫、野心勃勃。我虽然在治国方面给予了多尔衮大力支持,但总是和多尔衮保持一定距离,处处小心翼翼、谨慎应对。

多尔衮死了以后,我不仅没受多大影响,反而很快得到福临的宠信,被委任为议政大臣,成为宰相。

福临亲政之后,我劝他广兴屯田、奖励垦荒,恢复农业生产,他非常赞同。我还针对当时的实际情况,提出全面学习汉文化的建议。

我主张开科取士,争取汉族知识分子对清王朝的支持;我还主张打破满汉的界限,不拘一格地选拔任用有才能的人,这些建议都得到朝廷的采纳,并有效巩固了清朝统治。

康熙即位后,我的年纪已经很大了,大部分时间在家养病,安享晚年。

好玩的历史

智慧分 88

该生在后金崛起和建立清朝的过程中，运筹帷幄、妙计连出，表现出了超人的智谋。功成名就之后，他不恋权位，能够做到全身而退，平安度过晚年，更是他的过人之处。

修养分 50

该生勤奋好学、谦虚谨慎，在监修《太宗实录》时把自己起草的奏章烧了很多，在实录中保留下来的不到十分之一。该生对清朝功劳卓著，但也有观点认为，站在当时汉民族角度，他为了个人功利而背叛自己的国家和民族，在气节上有所亏缺。他的祖先范仲淹泉下有知，也会颜面无光吧。

能力分 91.5

该生具有非凡的军事和政治头脑，为清朝建立了一整套国家制度，帮助清朝在最短时间内完成了统一。他提出的一系列措施，有利于安抚百姓、招纳贤才、恢复经济、稳定社会秩序，为清朝开创三百年基业奠定了基础，功绩可与张良、刘伯温相提并论。

综合得分

$(88 + 50 + 91.5) \div 3 = 76.5$

我是洪承畴。

我几百年来被人戳着脊梁骨骂"汉奸",和范文程有着直接关系。

兵败被俘后,我视死如归,做好了以死报国的准备。很多人来劝降,都被我骂了回去。唯独范文程来了之后,闭口不谈投降的事,只是和我聊天。

后来,皇太极亲自来看望我,还把他的貂皮大衣披在我身上。我深受感动,就决定降清了。

后来才知道,是范文程看到我掸落身上的灰尘这个细节,认定我珍惜生命,才让皇太极亲自来劝我的。正是因为范文程,我失去了一个做忠臣义士的机会。

范文程,我是该恨你还是该谢你呢?

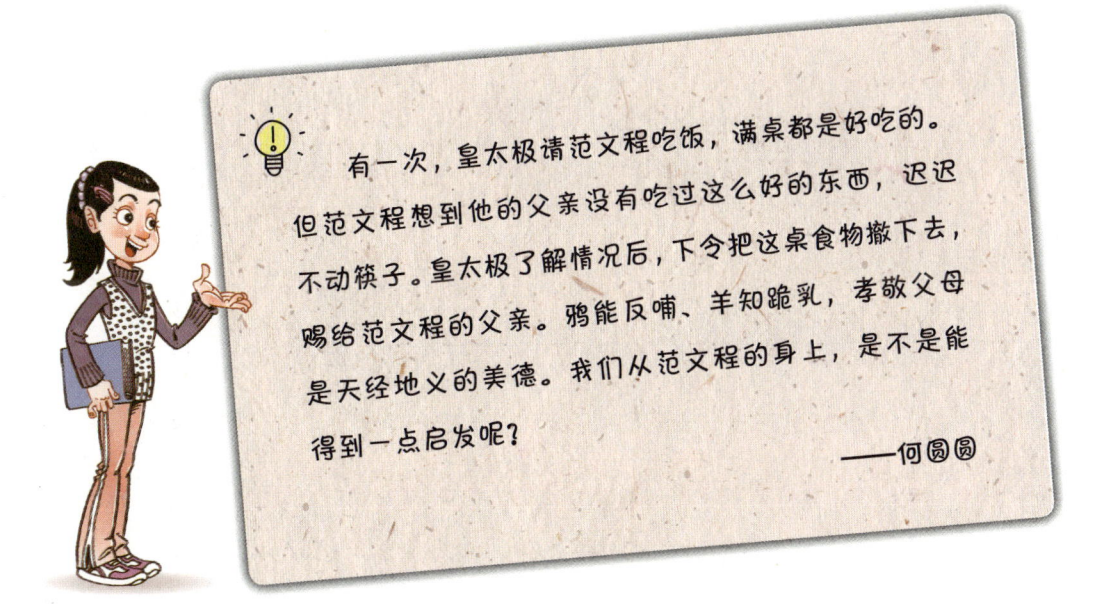

有一次,皇太极请范文程吃饭,满桌都是好吃的。但范文程想到他的父亲没有吃过这么好的东西,迟迟不动筷子。皇太极了解情况后,下令把这桌食物撤下去,赐给范文程的父亲。鸦能反哺、羊知跪乳,孝敬父母是天经地义的美德。我们从范文程的身上,是不是能得到一点启发呢?

——何圆圆

好玩的历史

趣闻大播报

皇太极死后，六岁的福临继位，多尔衮任摄政王。

多尔衮自从元妃去世后，就对福临的母亲孝庄太后特别爱慕。太后考虑到如果嫁给多尔衮，他肯定会一心一意地辅佐福临，也有心下嫁。但他俩担心大臣们反对，就请范文程出面做大臣的工作。

于是，多尔衮把大臣们召集到一起。范文程对他们说："摄政王功高望重，尽心竭力地辅佐皇上。他虽然是皇上的叔叔，实际上把皇上当作儿子对待。那么皇上应该怎样报答他呢？可不可以也把摄政王当作父亲对待呢？"大臣们都点头说可以。

范文程又接着说："皇上既然把摄政王当作父亲，就不应该让父母分离寡居。应该请摄政王和皇太后永结秦晋之好，诸位大臣看行不行呢？"

大臣们见摄政王与皇太后都彼此有意，再加上范文程这么一说，也就顺水推舟，同意太后下嫁给多尔衮。

35 刘 墉

姓名	刘墉（yōng）	性别	男	年级	清	学号	1002
生卒年	1719年—1804年			原籍	今山东省诸城市		
绰号	刘罗锅儿			重大事件	巧计杀和珅		

名臣自述

我就是家喻户晓的"刘罗锅儿"。我们老刘家在山东诸城算得上是名门望族。我的父亲刘统勋更是赫赫有名，官至宰相，以清正廉洁、秉公无私著名。

我考取进士以后，事业上一帆风顺。但有一年，父亲因为办理军机事务的时候出现失误，被革职关进了监狱，我也受到了株连。一个月后，我从监狱里出来，被派往外地做官。在担任太原知府期间，有个县令贪污，我因为失察负有领导责任，被发配伊犁，第二年才放回来。

在二十多年的地方官生涯中，我秉承了父亲正直干练、雷厉风行的行事

风格，为百姓做了不少实事、好事。在湖南的时候，面对严重的灾情和贪官污吏的横行，我建仓储粮、赈济灾民、镇压反叛、整顿吏治，受到百姓的爱戴。

乾隆四十六年（1781年），我调回京城任职，负责审理山东巡抚国泰舞弊一案。我来到山东，假扮成一个道人，微服私访，查明了国泰的罪行，终于使国泰伏法认罪。不久，我担任了上书房总师傅。上书房是皇子皇孙上学读书的地方，我这个总师傅类似于班主任或者校长。这个差事不好当，那些皇子皇孙们谁惹得起呀？别说迟到、早退，旷课也是经常的事，我除了经常提醒他们也没什么好办法。有一次，乾隆到上书房视察，听说有的皇子很长时间不来上学，非常生气。他责怪我管教不严，不光降了我的官职，还收回了以前的一切赏赐。

几年之后，我的职位才慢慢回升。乾隆死后，嘉庆帝即位，我被提升为宰相。我遵照嘉庆的命令，办理和珅一案，很快查明和珅及其同伙的二十条罪行，上报朝廷。嘉庆处死了和珅，没收了他的家产，打倒了这个大贪官。

智慧分 85

该生任地方官期间，刚直不阿、不畏权势、秉公执法，取得了很大成绩。但到了皇帝身边后，他变得圆滑世故起来，且大错不犯、小错不断，和以前简直判若两人。其实，这是他的聪明之处，因为乾隆太"聪明"，臣子要想保全自己，只能"揣着明白装糊涂"。

修养分 82

该生出身于书香世家，满腹经纶、学识渊博，担任过《四库全书》的重要编纂人。他还是一位著名的书法家，小楷写得特别好，有"浓墨宰相"的美称。他为官清廉、拒收贿赂、遇事敢为，很多官员都怕他。

能力分 68.5

该生担任地方官的时候，为百姓做了很多好事，颇有建树。他主管江苏的教育工作时，因为把关严格，许多想作弊的人竟然不敢入场考试。担任京官后，他顶住各方压力，查处了国泰与和珅两个大贪污犯。但是，他查禁书，兴文字狱，做得过分了。

综合得分

$(85 + 82 + 68.5) \div 3 = 78.5$

上司闲话

我是乾隆。

当初我把刘墉调到京城的时候，是因为他的工作出色。可是和他待的时间久了，发现他整天唯唯诺诺、平庸无奇，和民间传说的作风犀利、仗义执言一点都对不上号。

对于他的这种变化，我心里偷着乐。臣子只有这样，才能显出我的水平

好玩的历史

嘛。我拥有"十全武功",身边不需要名臣,只需要忠心耿耿的奴才。

就因为这个,虽然他经常犯点小错,工作不积极,办事不认真,我经常惩戒他,但仍旧对他信任有加。

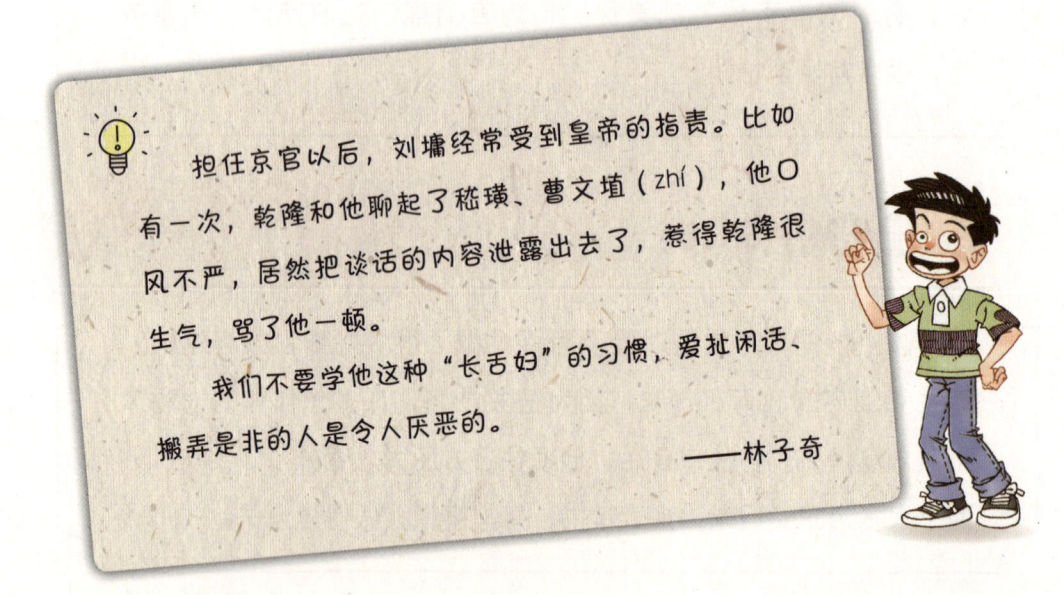

> 担任京官以后,刘墉经常受到皇帝的指责。比如有一次,乾隆和他聊起了嵇璜、曹文埴(zhí),他口风不严,居然把谈话的内容泄露出去了,惹得乾隆很生气,骂了他一顿。
>
> 我们不要学他这种"长舌妇"的习惯,爱扯闲话、搬弄是非的人是令人厌恶的。
>
> ——林子奇

趣闻大播报

有一次,刘墉在朝堂上直言进谏,惹得乾隆非常生气,想惩戒惩戒他。

乾隆叫人做了两个"纸阄(jiū)",说一个上面写着"生"字,一个上面写着"死"字。如果刘墉抓到"生"阄就可以活命,抓到"死"阄就会被杀头。其实,这两张"纸阄"写的都是"死"字。聪明的刘墉早就猜到了这一点,他灵机一动,上前抽出一张"纸阄",看也不看,就塞进嘴里,吞到肚子里去了。

乾隆只好叫人打开剩下的那张"纸阄",上面写的是"死"字。这就证明刘墉刚才吞到肚里的那张肯定是"生"阄。

乾隆哈哈大笑,非常佩服刘墉的机敏,当堂赦免了他。

看我怎么收拾你。

跟我玩这个!我吞了它,看你怎么办!

36 曾国藩

| 姓名 | 曾国藩 | 性别 | 男 | 年级 | 清 | 学号 | 1003 |

生卒年 1811年—1872年　　**原籍** 湖南省湘乡白杨坪

称号 洋务之父　　**名作** 《曾国藩家书》《冰鉴》

名言 为善最乐，是不求人知；为恶最苦，是唯恐人知。

名臣自述

我出身于一个地主家庭，爸爸很希望我通过读书出人头地、光宗耀祖。

说实话，我并不聪明。但为了不辜负爸爸的期望，也为了自己的将来，我学习非常刻苦。

二十三岁时，我考中秀才。但在第二年的进士考试中，我落榜了。但我没有失去信心，在老家闭门不出，温习功课。四年后我终于考中进士，并留在京城为官。

刚开始，我一直担任比较闲散的文职。别的同事整天无所事事，我却利用这个机会读了大量的书籍，结交了很多朋友。

丞相大人的试卷

从三十七岁开始，我的好运来了，接连升官，可以说是官运亨通。

就在我的事业一帆风顺的时候，我妈妈死了，我回到老家守丧。这时候，太平军打过来了，朝廷命令我筹办团练（地方民兵组织）。我效仿明朝名将戚继光的"戚家军"，建立了一支"湘军"。

我自己对军事不太懂，就邀请了许多有军事才能的人帮助我。我率领湘军与太平军开始作战，不断取得胜利，最后攻下了太平天国的都城天京（今江苏省南京市）。

消灭太平天国后，我手里的这支湘军引起了慈禧太后的高度戒备。为了彻底消除她的疑心，我把湘军解散了。慈禧见我没有反叛之心，就踏实了，正式任命我为两江总督。其实，慈禧太后真的太多疑了，我怎么会背叛朝廷呢？

由于工作的关系，我长期与洋人打交道。两次鸦片战争的失败，使我意识到中国要想自强自立，就必须拥有先进的武器，就非办洋务不可。

为了能够制造出洋枪洋炮，我建立了中国近代历史上第一个新式兵工厂——安庆军械所，并和李鸿章在上海创办了江南制造总局。我是洋务运动的创始人、带头人，所以后人评价我为中国的"洋务之父""近代化之父"，肯定了我对中国近代科技发展的贡献。

更加令我欣慰的是，我亲手推开了一扇中国人留学的大门。在我的一再争取下，朝廷终于派出了两批到美国留学的学生。这群孩子当中，涌现出了民国第一任总理唐绍仪、中国铁路之父詹天佑、清华大学第一任校长唐国安等。

好玩的历史

智慧分 90

　　该生的天赋不算太高，但凭着自己的刻苦勤奋，终成一代名臣。在随后的几十年中，他在政治、军事、经济等多方面都表现出了独到之处，靠的不是小聪明，而是人生的大智慧。

修养分 90

　　该生一生奉行程朱（北宋的程颢、程颐兄弟和南宋的朱熹）理学，是清朝末年一位著名的儒学大师。他重视修身养性，被后人推崇为"千古完人""官场楷模"。

能力分 90

　　该生生活在清王朝内忧外患的动荡年代，历尽艰辛、力挽狂澜，一度开创了"同治中兴"的局面。他打败太平天国，保住了大清江山，是清朝的"救命恩人"；他学习西方，兴办洋务，奠定了近代中国的科技基础；他慧眼如炬，一生推荐过的下属有千人之多，其中既有李鸿章、左宗棠、彭玉麟等军事人才，也有李善兰、华蘅芳、徐寿等一流的学者和科学家。

综合得分

（90 + 90 + 90）÷ 3 = *90*

学生闲话

我是李鸿章,曾国藩的学生。老师在湖南办团练以后,我也回乡办起了团练。但我跟太平军作战,败得很惨,可以说家破人亡。所以,我只能投奔老师,给他当秘书。

我这个人比较自由散漫,非常不习惯天不亮就起床,所以宁愿不吃早饭也不早起。有一天,老师见我没去吃早饭,就派人来叫我。我懒得起床,于是撒谎说生病了。结果老师把我狠批了一顿,不仅批评我散漫,还批评我不诚实。我深受触动,慢慢成熟起来。后来,在老师的帮助下,我成立淮军,不断取得成功,并最终成了和老师齐名的重臣,主持内政外交几十年。师恩难忘,对于老师的栽培和提携,我永远也不会忘记。

> 一个人不可能永远一帆风顺,总会遇到这样或那样的挫折。当我们考试没有考好、犯了错误受到批评时,该怎么办?找回自信,迎难而上,就一定会取得成功。曾国藩给我们树立了一个很好的榜样。
> ——何圆圆

趣闻大播报

衡阳有一个财主,仗着自己有钱有势,占了一位老农的祖坟。两人打官司,老农总是赢不了。有人提醒老农:"你不是有个干儿子叫宽一(曾国藩的乳名)吗?他现在南京做两江总督,你怎么不去求他写个条子呢?"

老农受到启发,赶到南京,向曾国藩说明了来意。曾国藩

好玩的历史

感到很为难：我多次告诫弟弟不要干预地方官的公事，自己怎么能出尔反尔呢？可是也不能眼看着干爹受欺负呀。想了一会儿，他有了主意。

第二天，他请南京的文武官员吃饭，并请干爹坐到上席。席上，他送给干爹一把签有自己名字的扇子，并请各位官员也签上了各自的名字。老农不知道送这样一把扇子有什么用，可后经夫人一提醒，就明白了。

他回到衡阳，拿着纸扇直闯知府大堂。知府一看他这么无礼，命令衙役把扇子抢下来。老农大喊："不能抢，扇子是我干儿子送的。"

衙役把扇子交给知府。知府接过来一看，大吃一惊，急忙命令退堂。没过几天，知府宣判，老农胜诉。

37 李鸿章

姓名 李鸿章　　**性别** 男　　**年级** 清　　**学号** 1004
生卒年 1823年—1901年　　**原籍** 安徽省合肥市肥东县
名言 凡论事，只论是非，不能顾毁誉利害。

名臣自述

　　有人说我是"中兴名臣"，也有人说我是大卖国贼。真没想到，自己会成为近代史上争议这么大的人。

　　我出生在一个读书人的家庭，从小受到良好教育。二十岁那年，我到京城参加科举考试。虽然我落榜了，却有幸认识了一位我生命中最重要的人。他叫曾国藩，是全国有名的大学问家。我拜他为师，四年后如愿以偿地考上了进士。

　　就在我准备大显身手的时候，一个重大的历史变故改变了我的一生——太平天国农民起义爆发了。我响应皇帝的号召，回到安徽老家，办起了团练。我是个文官，不懂军事，结果一败涂地。在走投无路的情况下，我只好

好玩的历史

投奔我的老师曾国藩。在他的帮助下,我的综合素质不断提高,并拥有了一支自己的队伍——淮军。

在同太平军和洋人打交道的过程中,我深切体会到了朝廷的腐败无能和外国列强的嚣张气焰。我觉得要想让中国不受欺负,就必须尽快强大起来。抱着这个目的,我大力兴办洋务,创办了许多军工企业,并一手建立了海军——北洋水师。这支海军在刚建立的时候,号称亚洲第一,世界第六。但由于清廷腐败、管理不善、后勤供应不足,弹药、燃料短缺,北洋水师最后在中日甲午海战中全军覆没。

经过这些挫折,我领悟到仅仅"求强"是不行的。没有资金作为基础,

一切都等于零。从那以后，我又把注意力转向"求富"。在这种认识的指导下，我先后创办了轮船招商局、开平矿务局、电报总局、上海机器织布局等一大批民用企业，推动了中国近代工业的发展。

令我难过的是，我为了实现国家富强呕心沥血，慈禧太后却仍然过着奢侈的生活，大把大把地浪费国家的银子。面对外国列强的侵略，慈禧太后为了保住自己的位子，一味妥协忍让。在她的授意下，我违心地签订了许多丧权辱国的不平等条约，也因此成了人人唾骂的卖国贼。其实，我也不愿意签字，但是不签字不行啊，因为这是太后的旨意，我必须遵从。

我在和约上签字的时候，心一直在流血。可是，又有谁体会得到呢？

智慧分 85

> 该生算得上是中国近代最杰出的外交家。在那个弱肉强食的时代，当一个有尊严的中国外交官谈何容易？而李鸿章却做到了。如在八国联军攻占北京后独自前往谈判，不割地而平息事件。

修养分 75

> 该生先后跟着父亲李文安、堂伯父李仿仙、徐子苓和曾国藩四位大师学习，学问很深。他平时待人十分和气，对手下人也不拿什么官架子，但骨子里却很刚烈，有时候脾气也很大，眼睛里揉不进沙子。据说他在给曾国藩当幕僚的时候，曾经和同事动过拳头。他还任人唯亲，淮军一千三百多名军官中有七百多人是他的安徽老乡。

好玩的历史

能力分 89

该生接受的是儒家教育，却能够接受西方文化，致力于洋务运动。在他的主持下，中国出现了许许多多的军工和民用企业，据说创造了中国近代史四十七个第一。但他并没有真正认识到中国落后的根源是落后的政治制度，所以他的努力只能是治标不治本。

综合得分 $(85 + 75 + 89) \div 3 = 83$

儿子闲话

我是李鸿章的儿子。父亲代表清政府签订了很多不平等条约，国人都骂他是"卖国贼"，但你们知道他的切身感受吗？作为大清的"外交家"，他在战败求和的谈判中，唯一能做的，就是把损失减到最小，对于其他也是有心无力。弱国无外交啊！

在日本马关，他遭刺客袭击，脸上缠着绷带仍坚持与日本人周旋。在与八国联军签订《辛丑条约》的时候，他边吐血边谈判，其中的苦楚其他人是不可能体会的。签字回来后，他再一次大口吐血，被医生诊断为胃血管破裂。

父亲实际上就是清政府的挡箭牌、替罪羊，他违心地签了卖国条约之后，只能更加拼命地工作，开办了一个又一个企业，想尽快增强国家实力，摆脱弱国地位。可是他到死也没有看到中国的强大，真是死不瞑目。

丞相大人的试卷

> 李鸿章一生都在为追求国家的强盛而努力。他做了许多对国家有利的事，也违心地做了许多危害国家利益的事。拨开历史的迷雾，我们会发现一个满心苦楚却依旧蹒跚前行的身影。我们从李鸿章身上学到"弱国无外交"。我们要好好学习，为祖国的强盛贡献自己的力量。
>
> ——林子奇

趣闻大播报

李鸿章担任直隶总督的时候，一位卸任的知县来拜见他。

李鸿章问道："你在这个县待了好几年，有哪些政绩？"

知县抓耳挠腮地憋了半天，说："卑职革除了一些地方上的陋规陋习，这应该算得上是一点点政绩。"

李鸿章接着问："是什么陋规？什么时候革除的？我怎么没有见过你的呈报？"

知县慌忙答道："有这么一个陋规，规定知县每年可得一千几百串钱。卑职最近以为这不合我朝法律，因此下决心将其裁革了。这个情况已经报到抚台大人那里，很快就会呈到您这里了。"

李鸿章一听，勃然大怒："你在那里干了好几年了，早就知道这个陋规，为什么等到快要卸任的时候才裁革，这不是故意放马后炮吗？我看你是自己捞足了，怕后来的知县也从这里面得到好处，才这么做的吧。我明天就派人去调查，如果真是那样，我要你的脑袋！"

知县一听这话，吓得浑身哆嗦，说不出话来。

38 张之洞

姓名 张之洞　　**性别** 男　　**年级** 清　　**学号** 1005
生卒年 1837年—1909年　　**原籍** 直隶南皮（今河北省南皮县）
名言 读书不知要领，劳而无功。

名臣自述

从我懂事开始，大清朝就接二连三地受到英、法等国的欺负。

爸爸经常教育我要好好学习，学好本领，长大以后报效祖国。

我很听话，学习也非常刻苦，十三岁就考中秀才，十六岁就考中头名举人，二十七岁就考取了探花（第三名进士），属于科举考试中的佼佼者。

那以后的十多年，我在浙江、湖北、四川等地主持教育工作，选拔培养了许多对国家有用的人才，但也深刻体会到了科举制度的弊端。

调回京城后,我看到那些当权派软弱无能、腐化堕落,非常气愤。我经常上书告他们的状,要求皇上惩治他们。

当时,俄国想霸占中国的伊犁。崇厚在和俄国交涉的时候,竟然私自签订了割地赔款的条约。我强烈要求废除条约,对俄国开战。左宗棠率军西征,取得胜利,中俄重新签订了对中国有利的条约。因为这件事,我得到慈禧太后的赏识,很快提升为山西巡抚,成了响当当的实权派。

我准备在山西大显身手的时候,法国又在中越边境挑起了事端。

我被任命为两广总督,直接指挥对法作战。我任用老将冯子材当先锋,取得了镇南关大捷。可惜的是,虽然我方获胜,朝廷还是和法国签订了不平等条约。

中法战争对我的触动很大。我相信,只有学习西方的先进技术才能保住中国,战胜列强。我好像一下开窍了,认识到了开办洋务才是正确的选择。

我调任湖广总督后,把全部精力都投入到办企业上。我以武汉为中心,先后创办了汉阳铁厂、湖北枪炮厂、大冶铁矿等一大批企业,使武汉成为当时中国最大的重工业基地。我还创建了中国最早的军工厂——汉阳兵工厂,著名的"汉阳造"步枪就是这里生产出来的。

由于搞过多年的教育工作,我清楚人才培养的重要性。我不光创办了许多新式学校,还建议废除延续了上千年的科举考试制度。

我这一辈子,可以说沾了科举制度的光,但最后我却强烈要求废除它。这是不是有点可笑啊?

好玩的历史

智慧分 83

该生从小天资聪明，博闻强识。进入官场后，他能屈能伸，张弛有度，行事低调，充分施展了独特的政治智慧，在晚清风雨飘摇的政坛中稳如磐石。

修养分 77

该生文采出众，十一岁时写过一篇美文《半山亭记》，被人刻在半山亭上；十二岁时出版了第一本诗文集。为官后清正廉洁，有时年关实在挺不过去了，就派人典当衣服。但他在工作作风上也存在霸道、武断的问题，有时听不进不同意见。

能力分 86

该生对中国的最大贡献，应该算是办教育和办实业。他创办了许多学校，提议废除了科举制度。他开办过各类企业，数量之多，在近代中国没有人能超过。但是这些企业中的大多数最后都办不下去了，这里面有客观方面的原因，也有张之洞自身的原因，比如不懂管理、以衙门作风指挥生产等。

综合得分 （83 + 77 + 86）÷ 3 = *82*

同事闲话

我和张之洞共事多年,他的政敌很多,攻击他哪方面的都有,但没有一个人说他贪污受贿。说出来你们可能不信,张之洞每年的薪俸有一万多两银子,但没有给老家祖产添过一间房,自己还经常靠典当东西过日子。他的钱都用到什么地方了?除了支付幕僚的工资,很多都捐出去了。他没在贵州当官,却在那里办了个小学;慈禧太后赏他五千两银子,他自己又加上一万两千两银子,在老家南皮办了个小学。各地发生灾荒,他捐钱;维新派成立强学会,他也捐款……这种官,太难得啦!

> 张之洞个子矮,他的两个助手个子也矮。有个画家就画了一张《三个矮子》的画讽刺张之洞,并且挂到一个字画店里。张之洞知道后,叫人把画买回来,还说画得不错。真是"宰相肚里能撑船"。我们在和同学们打交道时,也应该有这种宽宏大量的气度。
> ——何圆圆

趣闻大播报

张之洞在当湖广总督的时候,发现武汉赌博的风气非常盛行,就想了个办法来开导那些赌棍。

有一天,衙役抓来四个赌棍。张之洞发给每人一千铜钱,叫他们在牢里赌三天三夜,不许睡觉,不许休息。但他要求,赢钱的人每次都要从所得中抽取一部分给他。四个赌棍赌了三天三夜,筋疲力尽,两眼通红。

三天过后，张之洞提审四个赌棍，问谁输谁赢。

赌棍说："我们四个人都输光了。"

张之洞故作惊讶地说："咦！那四千个铜钱到哪里去了？"

"都交给你了啊！"

张之洞呵呵一笑，说："这就叫作久赌神仙输啊！"说完，拿起笔在纸上写了"赌博"两个字，叫人用剪刀从中间剪开，略作修改，变成了"専（"专"的繁体字）、者、贝、十"四个大字。

他解释说："专门赌博的人只有贝十（背时），不会走运的。你们四个以后还赌不赌了？"

四个赌棍恍然大悟，当堂发誓再也不赌了。

亲爱的读者，看完所有丞相的成绩后，如果你的看法和阿明老师的不一样，就按照你的评分标准，重新给他们排排名吧。

丞相之最排行榜

年级	学号	姓名	名次
西周	0101	吕　尚	
西周	0102	周　公	
春秋战国	0201	管　仲	
春秋战国	0202	晏　婴	
春秋战国	0203	范　蠡	
春秋战国	0204	商　鞅	
春秋战国	0205	苏　秦	
春秋战国	0206	蔺相如	
秦	0301	李　斯	
（西）汉	0401	张　良	
（西）汉	0402	萧　何	
（西）汉	0403	曹　参	
（西）汉	0404	陈　平	
（西）汉	0405	霍　光	
（东）汉	0406	曹　操	
三国	0501	诸葛亮	
（东）晋	0502	谢　安	
唐	0601	房玄龄	
唐	0602	杜如晦	
唐	0603	魏　徵	
唐	0604	狄仁杰	
唐	0605	姚　崇	
唐	0606	宋　璟	

续表

年级	学号	姓名	名次
唐	0607	裴　度	
（北）宋	0701	赵　普	
（北）宋	0702	寇　准	
（北）宋	0703	王安石	
（北）宋	0704	司马光	
（南）宋	0705	文天祥	
元	0801	耶律楚材	
明	0901	刘　基	
明	0902	张居正	
明	0903	徐光启	
清	1001	范文程	
清	1002	刘　墉	
清	1003	曾国藩	
清	1004	李鸿章	
清	1005	张之洞	

悄悄话

　　这些皇帝啊，才子啊，文臣武将们的成绩，并不代表他们本身的好或坏。只不过是评分的人，按照自己的观点和视角所做出的评判罢了。就好像你们现在的成绩单，也并不意味着你有多么优秀或者差劲儿。这也不过是在某个方面，在某位老师的考核标准下，得到的一个供参考的数值罢了。最重要的是找到自己还欠缺什么，然后努力地去弥补，不是吗？